中國傳統文化常識
下冊

目 錄
CONTENTS

## 第二編　古典文學

## 四·歷代作家作品

## 第三編　漢語漢字

·結繩記事　　　·刻契記事　　　·圖畫文字　　　·六書

## 第四編　姓名與稱謂

---

## 第五編　禮制與職官

---

## 第八編　地理與交通

### 一·地理

## 第十編　教育與科舉

# 第十一編　書法與繪畫

# 第十二編　音樂與戲曲

## 第十三編　科技與體育

## 第十四編　歷史與文化傳播

第八編

地理與交通

世間萬物都無時無刻不在變化之中，在所有急遽變化的萬物、萬象中，地理因素是變化最慢的，換言之，地理風貌是最為穩定的因素。然而，古今的江山卻並不是完全相同的，羅布泊的浩渺、黃河的故道、雲夢二澤的情形，如今都已不復存在，而有關地理的名稱則更是有很多的歷史演變。

與地理相關的交通，在古代雖然比較困難，但卻是古人社會生活的基本構成。古人的交通狀況如何，對於現代人來說是饒有興味的事。

## ■ 一 地理

人對外在世界有本能的好奇，古人的地理知識就在這一好奇心的驅使下不斷積累的。他們的地理知識不全正確，但他們對地理空間的興趣還是頗有意思的，不妨看看這些名詞吧。

・中國

我國國名。原意為中央之國。上古華夏各族在黃河流域生活，自認為居四方之中，故稱。與中土、中原、中州、中夏、中華含義相同。秦漢以後，國家統一，長期以中原地區作為全國的政治中心，中國一詞的含義逐漸發展為全國的概念，成為整個國家的稱呼。

・中原

即中土、中州。與邊疆地區相對而言。古人視豫州為九州島的中央，故名。狹義指今河南省及其附近地區。廣義指黃河中下游地區，

或指整個黃河流域。有時也代指全中國。

・九州

傳說中我國中原地區在夏禹治水後所劃分的九個行政區域，據《尚書・禹貢》記載，九州具體指冀、兗、青、徐、揚、荊、豫、梁、雍。《周禮・職方》、《爾雅・釋地》的說法有所不同。九州的觀念打破了戰國時大邦小國的狹隘封疆觀念，九州島的區域劃分成為後世政區劃分的基礎。所以，後代，九州成為中國的別稱。陸游詩句「死去元知萬事空，但悲不見九州同」就是如此。

・赤縣神州

中國的別稱，簡稱赤縣或神州。戰國時齊國陰陽家鄒衍創立「大九州」學說，把中國稱做赤縣神州，包括冀、兗、青、徐等九州。

## 相關知識

【大九州】戰國時期陰陽家鄒衍認為中國所處的九州島是整個宇宙世界的中央，但僅是其中的一部分，在這之外是瀛海，沿著東南西北四個方向往外擴展，還有多個九州島，這就是所謂的「大九州」說。

【海內】古人認為我國疆土四面環海，故稱國境之內為「海內」、「四海之內」。

【四海】古人認為中國四境有海環繞，按方位分別名為東海、南

海、西海和北海。後來也用以指整個天下，或從廣闊性的角度指稱全
國。

【六合】天地和四方，泛指天下。

【八荒】四面八方，遙遠的地方，猶稱天下。

．四瀆

古代把長江、黃河、淮水、濟水四條著名的大河稱為「四瀆」。
上古時「江」專指長江，「河」專指黃河。江、河都是專有名詞，而
其他河流叫水。

．河

水道的通稱，如稱河道、河谷、河港。又特指黃河，如河套、河
防、河北、河南等名均由此而來。黃河中下游地區是華夏文明的中
心，黃河素有「母親河」之譽，是中國第二大河。源出青海省巴額喀
拉山脈，流經四川、甘肅、寧夏、內蒙古、陝西、山西、河南、山
東。中游穿行黃土高原，含沙量增大，水色渾黃。沿河重要城市有蘭
州、包頭、鄭州、濟南等。又指天上銀河，如稱天河、河漢。

**相關知識**

【西河】又稱「河西」，泛指黃河以西之地，春秋戰國時指黃河
南段之西，今山西、陝西兩省交界處。漢、唐時多指甘肅、青海兩省
黃河以西的地區。唐玄宗時置河西節度使管轄甘肅及河西走廊。

【河東】黃河流經山西省境，自北而南，故稱山西省境內黃河以東的地區為「河東」。

【河朔】古代泛指黃河以北的地區。

【河內】古代指黃河以北的地區，又專指河南省黃河以北的地區。

【河外】春秋晉人稱河西與河南為河外。

【河右】河西的別稱。古代泛指黃河以西的地區，相當於今寧夏回族自治區和甘肅省一帶。

· 江

大河的通稱，如稱江山、江天。又特指長江，如稱江防、江漢、江淮、江左、江右、江東、江表。長江是中國第一大河。上源沱沱河出青海省西南邊境唐古拉山，在當曲後稱通天河，南流到玉樹縣以下至四川宜賓市間為金沙江，宜賓以下始稱長江。宜賓與宜昌段又稱川江。枝城到城陵磯段名荊江，揚州以下舊稱揚子江。宜昌以上為上游，水急灘多；宜昌至湖口間為中游，曲流發達，多湖泊；湖口以下為下游，江寬水深。

## 相關知識

【江左】地理上以東為左，江左也叫江東，指長江下游南岸地區。江左也指東晉、宋、齊、梁、陳各朝統治的全部地區，江東則又

指三國時吳國的全部地區。

【江右】指長江下游北岸，淮水中下游以南地區；又為江西省的別稱。

【江東】指長江下游南岸地區，亦指三國時吳國的全部地區。

【江西】隋唐以前，習慣上稱長江下游北岸淮水以南地區為江西。又泛稱長江以北包括中原地區在內為江西。

【江表】指長江中下游以南地區。

【江外】江南。在中原人看來，江南屬於長江之外的地區，故稱。

　　·淮

水名。即淮河，我國大河之一。源於中國河南省桐柏山，流經安徽、江蘇兩省入洪澤湖。又稱淮瀆。


相關知識

【淮左】又稱淮東，指今安徽淮河南岸一帶。

【淮西】習稱今皖北、豫東淮河北岸一帶為淮西，亦稱淮右。

【淮夷】古代居於淮河流域的部族。

【淮圻】指淮河附近一帶。

【淮甸】淮河流域。又稱淮鄉、淮服。

【淮汭】淮水彎曲處。

【淮南】指淮河以南、長江以北的地區。今特指安徽省的中部。

【淮瀆】指淮河堤岸。

・山東

戰國、秦、漢多稱崤山或華山以東地區為山東，與當時所謂關東含義相同。一般專指黃河流域，有時也泛指戰國時秦以外六國領土。此外，還有稱泰山以東、華山以東、太行山以東地區為山東的。

## 相關知識

【崤山】又名崟山、岑山。在河南省西部，秦嶺東段支脈。東北—西南走向。分東西二崤，中有穀道，阪坡峻陡，為古代軍事要地。

【山西】中國華北地區的省，簡稱晉。舊以在太行山以西而得名。

【山陰】山坡背陰的一面；山的北側。

【山陽】山坡向陽的一面；山的南側。

・函谷關

關名。古關為戰國秦置，在今河南靈寶縣境內。因其路在谷中，深險如函，故名。函谷關西據高原，東臨絕澗，南接秦嶺，北塞黃河，是我國建置最早的雄關要塞之一。始建於春秋戰國時期，是東去洛陽，西達長安的咽喉，素有「天開函谷壯關中，萬谷驚塵向北空」、「雙峰高聳大河旁，自古函谷一戰場」之說，自古為兵家必爭之地。漢元鼎三年（前114）移至今河南新安縣境，去故關三百里。

・潼關

關隘名。古稱桃林塞。東漢末，曹操為預防關西兵亂，於建安元年（196）始設潼關，並同時廢棄函谷關。這裡南有秦嶺屏障，北有黃河天塹，東有年頭原居高臨下，中有禁溝、原望溝、滿洛川等橫斷東西的天然防線，勢成「關門扼九州，飛鳥不能逾」。漢潼關城在今城北村南。

**相關知識**

【關東】古代指函谷關或潼關以東地區，近代指山海關以東的東北地區。

【關西】漢唐時指函谷關或潼關以西地區。北宋置關西鎮，在今陝西華陽市東，潼關以西。

【關中】亦稱關內。或指今陝西關中盆地，或指函谷關或潼關以西王畿附近。秦漢時期，因秦都咸陽、漢都長安，而稱函谷關以西為

關中。所指範圍大小不一，但大體上是以陝西中部、河南西北部地區為中心的一帶。

## ・西域

漢以來對玉門關、陽關以西地區的總稱。狹義專指蔥嶺以東而言，廣義則凡通過狹義西域所能到達的地區，包括亞洲中、西部，印度半島，歐洲東部和非洲北部在內。後亦泛指我國西部地區。

## ・五嶺

別稱嶺嶠。指越城、都龐、萌渚、騎田、大庾等五嶺，在湘贛和粵桂等省區邊境。大庾嶺，在今江西省大庾縣與廣東省南雄縣接壤處，為粵贛交通要道，秦時的橫浦關即在此嶺之上。都龐嶺，在今湖南省蘭山縣南和廣東省連縣之北，秦時的湟溪關即在此嶺之上，為湘粵通道。騎田嶺，在今湖南郴縣和宣章縣之間，為湘粵通道，秦時的陽山關即在此嶺之上。萌渚嶺，在今湖南省江華縣和廣西賀縣、鐘山二縣之北，為由湘入桂之道。越城嶺，在今廣西興安縣之北，為由湘入桂的交通要道。五嶺是中國江南最大的橫向構造帶山脈，是長江和珠江兩大流域的分水嶺。

## 相關知識

【嶺南】指五嶺以南的地區，即廣東、廣西一帶。又稱嶺外、嶺徼等。

【嶺海】指兩廣地區。其地北倚五嶺，南臨南海，故名。

· 朔方

即北方。又指西漢所置縣、郡名，轄今內蒙古河套西北部及河套地區。唐開元（713-741）為防禦突厥朔方節度使，治靈州（今寧夏靈武市西南），較長期領有今寧夏地。

**相關知識**

【朔北】泛指我國長城以北地區。

【朔漠】指北方的沙漠，也可單稱「朔」，泛指北方。

【朔垂】泛指西北邊遠地區。

· 百越

又名百粵、諸越。原為族名，秦漢前分佈於長江中下游以南，因部落眾多而有是名。從事漁獵、農耕，以金屬冶煉、水上航行著稱。行斷髮文身。秦漢後，在長期發展中，部分逐漸與漢人融合，部分與今壯、黎、傣等族有淵源關係。後世又指古代越族居住地，泛指桂、粵、閩、浙等南方地區。

· 五嶽

五大名山的總稱，即東嶽泰山、西嶽華山、中嶽嵩山、北嶽恆山、南嶽衡山。

## 知識鏈接

【泰山】又稱岱山、岱宗、岱岳、東嶽、泰岳等。地處山東中部，東臨東海，西靠黃河，凌駕於齊魯大地。幾千年來，泰山成為歷代帝王封禪祭天的神山。隨著帝王封禪，泰山被神化，因而又享有「五嶽之長」的稱號。道教稱泰山為第二小洞天，名其岳神為天齊王。泰山自然景觀雄偉壯觀，又有數千年精神文化的滲透，一九八七年成為世界珍貴自然文化遺產。泰山古建築主要為明清的風格，將建築、繪畫、雕刻、山石、林木融為一體。

【華山】位於陝西省東部，北臨黃河，南依秦嶺，是秦嶺支脈分水脊北側的一座花崗岩山。因遠望像花，故名華山。主峰太華山，古稱西嶽，在華陰市南。蓮花（西峰）、落雁（南峰）、朝陽（東峰）、玉女（中峰）、雲台（北峰）五峰聳列。華山雄偉奇險，山勢峻峭，壁立千仞，群峰挺秀，以險峻稱雄於世。由於華山太險，歷代君王祭西嶽，都是在山下西嶽廟中舉行大典。據傳，華山是「軒轅皇帝會群仙之所」。直到魏晉南北朝時，還沒有通向華山峰頂的道路。唐代隨著道教興盛，道徒開始居山建觀，逐漸在北坡沿溪谷而上開鑿了一條險道，形成了「自古華山一條路」。

【嵩山】位於河南省西部，地處河南省登封市西北面，是五嶽的中嶽。二〇〇四年被確定為世界地質公園。嵩山中部以少林河為界，東為太室山，西為少室山，有太陽、少陽、明月、玉柱等七十二峰，東西綿延六十公里。主峰峻極峰，亦稱嵩頂，在太室山。最高峰御寨山，在少室山。自南北朝起，即為宗教文化重地。名勝古蹟主要有中

嶽廟、嵩岳寺塔、漢代嵩山三闕、嵩陽書院、觀星台、少林寺、法王寺等。

【恆山】亦名太恆山，又名元岳、紫岳，因避漢文帝劉恆諱，曾一度改名常山。在山西省北部。據《尚書》載：舜帝巡守四方，至此見山勢雄偉，遂封為北嶽。其山脈始於陰山，橫跨塞外，東連太行，西跨雁門，南障三晉，北瞰雲代，東西綿延五百里，是桑乾河與滹沱河的分水嶺。有一〇八峰，東西綿延一百五十公里，橫跨山西、河北兩省。主峰玄武峰，又名天峰嶺，在渾源縣東南。恆山古蹟名勝多集中於此，有懸空寺、虎風口、北嶽朝殿、會仙府、文昌閣等。

【衡山】一稱岣嶁山或虎山，位於湖南省衡陽市。花崗岩斷塊山。由包括長沙嶽麓山、衡陽回雁峰在內，巍然聳立著的 72 座山峰組成，亦被稱做「青天七十二芙蓉」，其中最著名的為祝融（主峰）、天柱、芙蓉、紫蓋、石廩五峰。歷代帝王多到此祭祀。又為佛教聖地，有南嶽廟、祝聖寺、南台寺、方廣寺等廟宇以及水簾洞等勝景。「祝融峰之高，方廣寺之深，藏經殿之秀，水簾洞之奇」，有「南嶽四絕」之譽。

· 三山

傳說中的海上三神山，又稱三壺，古人認為是神仙居住的地方，又借指仙境。據晉王嘉《拾遺記》，一為方壺，又名方丈；二為蓬壺，又名蓬萊；三為瀛壺，又名瀛洲。另，因舊福州城西有閩山（又名烏石山），東有九仙山，北有越王山，故福州亦別稱「三山」。

・京畿

又稱京圻、京輔。國都及其附近的地區。後在此基礎上設置有道、路，如唐代開元（713-741）所置十五道，即有京畿道，轄今陝西中部關中平原。宋則置京畿路，轄境亦在當時首都開封附近一帶地區。

## 相關知識

【京市】國都，京城。

【京兆尹】漢代京畿的行政區域，為三輔之一。在今陝西西安以東至華縣之間，下轄十二縣。後因以稱京都。

【京甸】京都周圍附近地區。

【京華】京城之美稱。因京城是文物、人才彙集之地，故稱。

・三輔

原為漢代負責京畿長安附近的地方行政事務的京兆尹、左馮翊、右扶風等三個職官的合稱，後亦指他們管轄的地區，即指長安附近地區。

・三秦

指潼關以西的關中地區。項羽破秦入關，把關中之地分封給秦降將章邯、司馬欣、董翳，範圍包括陝西中部、西北部和甘肅東部地

區。

・五湖

古代的五湖指彭蠡、洞庭湖、巢湖、太湖、鑒湖。現在一般認為指洞庭、鄱陽、太湖、巢湖、洪澤等五大淡水湖。又泛指長江中下游一帶的大型湖泊。

**相關知識**

【彭蠡】鄱陽湖的古稱，在江西省北部，由地殼陷落、不斷淤積而成，形似葫蘆，故名彭蠡。其中，靠近星子的水域名為揚瀾湖，靠近都昌的水域名為左蠡湖。鄱陽湖上名山秀嶼極多，湖口縣的石鐘山、大孤山，都昌縣的南山和老爺廟，星子縣的落星石，最為著名。

【洞庭湖】在湖南省北部、長江南岸。原為中國第一大淡水湖，過去號稱「八百里洞庭」，今已分割為許多大小湖泊，並退居第二大淡水湖之位。洞庭湖是燕山運動斷陷所形成，第四紀至今，均處於振盪式的負向運動中，形成外圍高、中部低平的碟形盆地。湖濱的岳陽樓為江南三大名樓之一。君山為洞庭湖上的孤島，原名洞庭山，亦是洞庭湖勝景。

【太湖】古稱震澤、具區、笠澤，又名五湖，是古代濱海湖的遺跡，位於江蘇和浙江兩省的交界處，長江三角洲的南部。大約在一百萬年前，太湖還是一個大海灣，後來逐漸與海隔絕，轉入湖水淡化的過程，變成了內陸湖泊。周圍分佈著淀泖湖群、陽澄湖群、洮湖群

等。縱橫交織的江、河、溪、瀆，把太湖與周圍的大小湖蕩串聯起來，形成了極富特色的江南水鄉。太湖過去號稱「三萬六千頃，周圍八百里」。今天的太湖仍為中國第三大淡水湖，北臨無錫，南瀕湖州，西接宜興，東鄰蘇州。

【巢湖】一名焦湖，位於安徽省中部，為我國五大淡水湖之一，沿岸為合肥市、巢湖市、廬江縣所包圍。為斷層陷落所成。湖呈鳥巢狀，故名。西、北有柘皋河、南淝河、豐樂河、杭埠河等來匯，湖水東經裕溪河下洩長江。姥山是巢湖中最大、最美的湖心島。

【洪澤湖】位於江蘇省洪澤縣西部，原是小湖群，秦漢時稱之為「富陵」諸湖。最大的一湖，古稱破釜塘，隋煬帝時更名為洪澤浦，唐始名洪澤湖。明清兩代因黃河奪淮，淮河下游河道淤高，宣洩不暢，淮水匯聚，逐漸擴大而成。為中國第四大淡水湖。

【鑑湖】原名慶湖，又名鏡湖，在紹興市境內。東漢會稽太守馬臻納山陰、會稽兩縣三十六源之水為湖，成為我國東南著名的水利工程。唐中葉之後逐漸淤積。北宋時，豪家在湖上建築堤堰，築湖墾田，湖面積大大減少。湖濱有馬臻墓、陸游故里、三山、快閣遺址等古蹟。

【湖澥】湖海。泛指四方各地。

・玉門關

關名。漢武帝置。因西域輸入玉石時取道於此而得名。漢時為通往西域各地的門戶。故址在今甘肅敦煌西北小方盤城。隋唐時期的玉

門關位於鎖陽城北三十公里許，即安西縣雙塔堡附近，距漢玉門關東約二四〇公里。此處東通酒泉，西抵敦煌，南接瓜州（鎖陽城），西北與伊州（哈密）相鄰。且傍山帶河，形勢險要。其四周山頂、路口、河口要隘處今仍存古烽燧十一座，如莒蓿烽、亂山子七烽等。五代宋初的玉門關又東移二百公里左右，位於肅州城西，此地為嘉峪關黑山的所在，關城在今石關峽或水關峽。峽內有大道，可通車馬，為古代由酒泉西出的要路。

・陽關

古關名，西漢置。故址在今甘肅省敦煌市西南古董灘附近，由於在玉門關以南，故稱陽關。和玉門關同為當時通往西域的門戶。宋以後，中西陸路交通逐漸衰落，關遂廢圮。據說，古董灘因地面曾暴露大量漢代文物如銅箭頭、古幣、石磨、陶盅等而得名。

**知識擴展**

【漠野】指我國北方沙漠地區。

【漠北】指蒙古高原大沙漠以北的地區。

【漠南】指蒙古高原大沙漠以南的地區。

【塞北】指長城以北。亦泛指我國北邊地區。

【塞北江南】原指古涼州治內賀蘭山一帶。後泛指塞外富庶之地。

【塞南】邊塞以南的地區，指中原。

【塞下】邊塞附近。亦泛指北方邊境地區。

【塞上】邊境地區。亦泛指北方長城內外。

【塞內】邊境之內。

【塞外】邊塞外。泛指我國北部地區。

【塞門】邊關。

【塞垣】本指漢代為抵禦鮮卑所設的邊塞。後亦指長城；邊關城牆。

【塞關】邊境上的關隘。

・郡

周制，天子地方千里，分為百縣，縣有四郡。當時郡比縣小。秦統一天下，實行郡縣制，在全國置三十六郡。後漢起，郡成為州的下級行政單位，介於州、縣之間。隋朝廢郡，以縣直隸於州。唐朝武則天曾改州為郡，但不久又恢復。明清稱府。唐以後文人常以舊郡名作後置的州、府的代稱。

・道

漢代在少數民族聚居區設道，這是一種行政特區，與縣相當。唐代的道，先為監察區，後演變為行政區，是州以上一級行政單位。明

清在省內設道，其中守道是小行政區，而巡道具有監察區性質，其長官稱為道員或道台。

・路

宋、金、元地方區劃名。宋初在境內分置二十一路，其後分合不一。路置監司、軍帥諸職，而以轉運使司（一稱漕司）、提點刑獄司（一稱憲司）、安撫使（或為經略安撫使，或但置馬步軍都總管、兵馬鈐轄）司。轉運使分掌財賦，提刑分掌刑獄，安撫使分掌兵馬，但往往兼總他務，權任隨時而變。三司中，以轉運使司為主。金仿宋制，官任以總管府路為主。元代設行省，路降為行省之下的第二等地方行政區劃，置總管府。明代廢除路的區劃。

### 知識擴展

【古稱別稱】如南京別名有建康、建業、金陵、江寧、白下、石頭城，揚州別名廣陵、維揚、蕪城，杭州別名臨安、武林、錢塘，蘇州別名姑蘇，福州別名三山，成都別名錦官城。

## ▤ 地理名著

古人的地理知識很早就有了積累。《尚書》中的《禹貢》篇、《周禮》中的《職方》篇，都是集中寫天下四方的篇章，是有關地理的早期文獻。而《山海經》則被認為是中國最早的專門的地理學著作。此外，司馬遷的《史記》中專設有《河渠書》篇，班固《漢書》也設有《地理志》篇，史書中同時記載地理邦國資料成為慣例。題名漢代桑

欽的《水經》，北魏酈道元的《水經注》，晉人闞駰的《十三州志》，唐李括的《括地誌》、賈耽的《貞元十道錄》、李吉甫的《元和郡縣圖志》等專門的地理著作，也應運而生。

· 《山海經》

先秦古籍。舊說為夏禹時作。不可信，大約出於周秦間。全書包括《山經》、《海經》、《大荒經》、《海內經》等部分，共約三點一萬字，記載了一百多邦國、五百五十山、三百水道以及邦國山水的地理、風土物產等信息。書中記述較多的是古代神話、地理、物產、巫術、宗教、古史、醫藥、民俗、民族等方面的內容。一般認為，《山海經》中的《山經》所載的大部分是歷代巫師、方士和祠官的踏勘記錄，雖然有誇飾不實處，其中所記載的大量山名、里程、植物、動物、水系、礦產等資料，都是很有價值的歷史地理資料。晉人郭璞有註釋本，現代學者袁珂有《山海經校注》和《山海經校譯》兩書。

· 《穆天子傳》

歷史神話典籍。所記為周穆王率領七萃之士，駕上赤驥、盜驪、白義、逾輪、山子、渠黃、驊騮、綠耳等駿馬，由造父趕車，伯夭作嚮導，從宗周出發，越過漳水，經由河宗、陽紆之山、群玉山等地，西至西王母之邦，和西王母宴飲酬酢的神話故事。宗周即洛陽，穆王的西行路線，當是從洛邑出發，北行越太行山，經由河套，然後折而向西，穿越今甘肅、青海、新疆，到達帕米爾地區。《穆天子傳》所提供的材料，除去神話傳說和誇張的成分，有助於人們瞭解古代各族分佈、遷徙的歷史和他們之間的友好交往，及先秦時期中西交通路徑

以及文化交流的情況。

· 《水經注》

北魏酈道元所著。是我國古代較完整的一部以記載河道水系為主的綜合性地理著作，是一部有著長期影響的名著。自明清以來不少學者從各方面對它進行了深入細緻的專門研究，形成了一門內容廣泛的「酈學」。酈道元作注的《水經》原書，作者舊題為《漢代桑欽》。其書內容簡單，水平很低。經酈道元作注後，成為成就卓著的巨著。《水經注》以水道為綱記載各種地理信息，如記水災三十多次、地震近二十次、橋樑一百座左右、津渡近一百處等。該書時間幅度上起先秦，下至南北朝當代；內容遍及自然地理、人文地理、山川勝景、歷史沿革、風俗習慣、人物掌故、神話故事等，而文字簡妙，引人入勝。

· 《元和郡縣圖志》

唐代成就最高的全國性地理總志，也是我國現存最早的一部地誌專著。唐李吉甫所撰。全書以貞觀年間（627-649）所設置的十道為基礎，又按照當時的情況，分為四十七個節鎮，記載各州、府、縣的自然狀況、城市形勢、人口分佈、交通道路、水利措施、特產貢賦、名勝古蹟等諸多方面，內容詳實。每鎮篇首有圖，故名《元和郡縣圖志》。但到南宋以後圖已亡佚，書名也就略稱為《元和郡縣誌》了。此書重視政區沿革，有關郡縣建置往往追溯到先秦。在交通地理資料方面，它首創「八到」體例，記縣治與州治之間，各州與長安、洛陽的道里。

**知識點鏈接**

【四正】古代地理書稱東、西、南、北為「四正」。

【四隅】古代地理書稱東南、西南、東北、西北為「四隅」。

【八到】古人將四正、四隅合稱為「八到」。

‧《讀史方輿紀要》

被譽為「千古絕作」、「海內奇書」的地理沿革名著。原名《二十一史方輿紀要》，清初顧祖禹所撰。

全書分五部分：歷代州域形勢、分省、川瀆異同、分野、輿地要覽。著重記述歷代興亡大事、戰爭勝負與地理形勢的關係，具有濃厚的軍事地理色彩。顧祖禹著此書的主要目的之一是為反清復明之需，故書中著重論述州域形勢、山川險隘、關塞攻守，引證史事，推論成敗得失。詳細記載歷代興亡成敗與地理環境的關係，而對名勝古蹟的記載則相對簡單得多，遊觀詩詞則大多「汰去之」。其中的《歷代州域形勢》和各省山川險要總論，幾乎每篇都是甚有價值的軍事地理論文。

‧《歷代輿地圖》

中國傳統地圖學的集大成著作，又名《歷代輿地沿革險要圖》。清楊守敬與鄧永修等經十五年編繪，其中一九〇六年最後一次校訂還有門人熊會貞參與。四十五個圖組，分裝為三十四冊，詳盡地繪示了中國歷代範圍、境界、都邑地點等。圖集首為《歷代輿地沿革險要

圖》七十幅，概略表示歷史境域大勢。然後，自春秋戰國至明代共四十五幅，按朝代的先後順序，安排圖幅，詳細表示各朝代統治勢力的主要涉及範圍、行政區劃、山河大勢、城池、水道、關塞險要等，以一朝或一國各為一組。

・《徐霞客遊記》

日記體的中國地理名著，為明末徐霞客在一六一三年至一六三九年間的旅行日記。有天台山、雁蕩山、黃山、廬山等名山遊記十七篇和《浙游日記》、《江右游日記》、《楚游日記》、《粵西遊日記》、《黔游日記》、《滇游日記》等。除佚散者外，遺有六十餘萬字遊記資料。此書在中國古代地理學史上超越前人的貢獻，特別是關於喀斯特地貌的詳細記述和探索，居於當時世界的先進水平。

## ■ 交通工具

人們的生活範圍與交通工具關係很大，今天我們的生活環境變得越來越像一個村莊，很重要的一方面是拜現代化的交通工具所賜。古人交通條件差得很遠，當時的世界，考察得最清楚的是車馬、舟船所及的範圍，此外的世界就多半要駕馭想像的翅膀了。

・駕

加車於馬。又總稱帝王的車乘，如「從駕」意即扈從皇帝出行。此外，馬拉車一天所走的路程叫「一駕」。

· 服馬

古代一車駕四馬，稱一乘（意即一套車馬）。居中兩匹駕轅的馬叫「服」，兩側的馬叫「驂」或「騑」。

· 驂乘

古代乘車在車右陪乘的人。商周的馬車單轅，馭者居中，尊者居左，驂乘居右，其作用首先為保持車的平衡，此外，還擔任安全警衛的責任。

· 車馬

古書上常見車馬並舉。戰國以前，車馬是相連的。一般地說，沒有無馬的車，也沒有無車的馬。因此，古人所謂御車也就是御馬，所謂乘馬也就是乘車。古代駕二馬為駢，駕三馬為驂，駕四馬為駟。

· 馬車

車乘在古代很有講究。先秦時代有小車、大車兩大類。駕馬，車廂小的叫小車（即馬車）；駕牛，車廂大的叫大車（即牛車）。小車除供貴族出行外，還用於戰爭。戰國時期，戰車的多少已成為一個國家強弱的標誌。

· 牛車

先秦時代，牛車被看做「平地任載之具」，只用來拉笨重的東西。漢以後，統治者轉而喜乘牛車。牛車較慢，行走較穩，而且車身

高大嚴密，可以張帷設幾，任意坐臥。有通幰牛車、偏幰牛車和敞棚牛車三種類型。通幰牛車地位最高，車頂上自前至後張一頂大幔子。偏幰牛車的幔子則只遮住車的前半部。這兩種車在幔子底下還有車棚，棚一般有簷。早期的簷較淺，到了唐代，棚簷已變得很深，叫長簷車。沒有棚的車叫敞棚車。

**知識鏈接**

【輿】古車作為載車部分的車廂。

【軫】音 zhěn，指車廂底部四周的橫木，可借指車。

【轂】車的運轉部分主要包括輪和軸。輪的中心是一個有孔的圓木，叫轂，用以貫軸。

【輞】音 wǎng，指車輪的邊框。

【輻】指車上連接輞和轂的部分。車輪的輻條有多有少，一般為 30 根。

【輻輳】車輪四周的輻條都向車轂集中而成輻輳（còu）。

【車軸】車上的一根橫樑，上承車輿，兩端套上車輪。

【軎】音 wèi，指車軸的兩端露出轂外，末端套有青銅或鐵製的軸頭。

【轄】車軸頭上有孔，用來納「轄」，以防車輪脫落。轄一般用

青銅或鐵製成，呈扁平長方形，長約三四寸，俗稱銷子。

【輹】音 fú，車軸橫在輿下，固定的方法是在輿的底部安上兩塊木頭，用繩索把軸綁在上面。因其形狀像個伏著的兔子，所以也叫伏兔。

【軾】指設在車廂前面供人憑倚的橫木。

【軔】軔不是車的組成部分，而是阻止車輪轉動的一塊木頭。車發動時必須先將軔移開，所以起程稱為「發軔」。比喻事情的開端。

【太平車】宋代出現的大車，載重用。車兩側有攔板，前有五頭至七頭牛牽引。

·駕車

駕車是一門學問。在遠古時期，原始的車是由人推挽的，後來改用畜力牽引。同其他車相比，馬車具有更為快速、靈活的特點，在畜力車中占有重要地位。駕馭馬車，就變成了一門重要的學問。

**相關知識**

【驂服】駕車的馬如果是三匹或四匹，則有驂服之分。兩旁的馬叫驂，中間的馬叫服。

【御】指車行進時，駕駛馬車的車工把馬韁繩彙總握在手中以保持用力均勻，這樣兩旁的馬跑起來才能協調。

【兩驂】一車三馬或四馬中的兩旁之馬。

【鞭策】趕馬的鞭子分為兩類：竹條製成的鞭子叫策，皮條製成的叫鞭。

・乘車

古人乘車的方式一般是崇尚左側。一車三人，尊者在左，驂乘（即陪乘者）居右，御者居中。兵車則不同，如是將帥之車，則主帥居中，便於指揮，御者在左，護衛居右；如是一般兵車，則是御者居中，左邊甲士一人持弓，右邊甲士一人持矛，相互配合，協同作戰。

・軒

古代一種供大夫以上官員乘坐的輕便車。車廂前頂較高，兩側用漆有花紋或加皮飾的蓆子做障蔽。也用為車的通稱。

**知識擴展**

【乘軒之鶴】《左傳・閔公二年》記：「衛懿公好鶴，鶴有乘軒者。」在作者眼裡，乘軒是身分高、地位高的象徵，鶴乘軒，足見衛懿公所蓄鶴的地位。

【朱軒】漆成紅色的車。鄭樵的《通志》卷三記：「未命之士不得朱軒及飛，不得乘飾車。」這裡的軒不是大夫以上官員乘坐的專乘。但認為：車，尤其豪華之車不是平民所能乘的，只有士以上的人才有資格乘坐。

【柴車】即簡陋無飾的車子。乘柴車，多用以形容讀書人的窮困潦倒。

【軒輊】軒和輊是意思相對的兩個詞：車頂前高後低，如仰貌，為軒；前低後高，如俯貌，為輊。軒輊，即高低、輕重。「不分軒輊」就是指兩種東西不相上下。

· 轅

漢以後馬車前的直木，共有兩根，直而平，夾在牲畜兩旁，前端伸出在車輿之前，後端壓在車軸上。但是商周車都是獨轅，轅在正中。轅又作為車的代稱，如「乘轅」即乘車。

**知識擴展**

【轅下駒】車轅下小馬。駒，即幼馬，不慣駕車。比喻有所畏忌而侷促不安。

· 轍

指車輪碾過地面留下的痕跡。引申為道路。

· 舟輿

船和車。一般謂乘車乘船旅行。

**相關知識**

【舟次】船停泊之所，即碼頭。又稱舟渚。

【舟梁】用船架設的浮橋。

【舟楫】泛指船隻。

【舟艦】戰船。

・三翼

戰國時吳、越國的戰船，有大翼、中翼、小翼之分，合稱「三翼」。據載，大翼長 10 丈，寬 1.5 丈，可乘士卒九十多人，其中划槳手就有五十人；中翼長 9.6 丈，寬 1.3 丈；小翼長 9 丈，寬 1.2 丈。三翼體型都修長，以航速快為特徵。後世詩文中遂以「三翼」代指快船。

・艅艎

一作「余皇」。戰國時吳王大艦名。其規模尺寸沒有記載，但應超過三翼。後泛稱大船、大型戰艦。

・司南

先秦時期的《鬼谷子》、《韓非子》中都記載有「司南」。科技史家研究認為：在刻有八卦和天干地支表示方位的光滑地盤上，置一光滑的天然磁石製成的匙，以象徵大熊星座（北斗七星），趨轉匙之後指向南。司南的缺點是不能在活動的運載工具上應用，因為稍有活動

或不平，其匙即滑脫。

・指南魚

北宋曾公亮的《武經總要》記載有能在車、船上應用的指南魚。其方法是利用強大的地磁場的作用使鐵片磁化，使鐵魚內部處於活動狀態的磁疇順著地球磁場方向排列。

・指南針

北宋科學家沈括的《夢溪筆談》詳細記載了用磁石磨成的指南針，以及裝置磁針的四種方法：水浮、指爪、碗唇、縷懸。這一發明廣泛應用於航海、旅行和行軍，被科技史家認為是中國古代四大發明之一。

## 四 交通

古代的陸路與水路交通，各種舟車通道、驛站、傳舍等事物，都是古代社會環境的表徵，是古人社會生活的構成。

・周道

原為西周時在鎬京與洛邑之間修築的寬闊平坦的大道。它西起今西安古城，沿渭水河南岸東下通往周的東都「王城」，再向東延伸，分兩條線：南線由王城通向新鄭、宋都商丘和魯都曲阜；北線由王城北上渡河至南陽，沿古黃河向東北延伸。「周道」是周王室的命脈所在，是國家的交通樞紐，此後以洛陽為中心，向東、向北、向南、向

東南又修建起多條輻射狀的延展線，構成全國交通大動脈。周王室雄踞關中，虎視天下，通過暢通的交通幹線，控制各地諸侯，強有力地干預各地的政治經濟。後來，周道一詞變成通用詞，指大路或官道。

・周代的鄉村道路

周代的鄉村道路劃分為五級，為徑、畛、涂、道、路。徑是行人和牛馬通行的小路，畛是田間小路，涂是容納一輛車行駛的道路，道是容納兩輛車行駛的道路，路是容納三輛車通行的道路。

・馳道

秦統一全國後，開始在全國範圍內大規模修築馳道。這是供帝王、政府公務行駛馬車的通道。秦馳道以咸陽為中心，延伸到全國各地，從而把戰國時代諸侯列國的都城用馳道連接起來，構成了通向全國主要城市的幹線道路網。馳道寬廣壯麗，有統一的質量指標：路面幅寬七十米；路基要高出兩側地面以利於排水；要用金錐夯實路基；每隔三丈，種一株青松以為行道樹；每隔十里建一亭，作為區段治安的管理所和道路行人的招呼站、郵傳人交接處。秦馳道這樣一項浩大的工程，適應了秦帝國政治、經濟、軍事文化事業的急需，在古代交通史上享有較高的地位。

・棧道

又名閣道、復道、棧閣。指古人在今川、陝、甘、滇等省境內峭岩陡壁上鑿孔架橋連閣而成的一種道路，是當時西南地區的重要交通要道。戰國時即已修建。秦惠王時使用「石牛產金」的計策，吸引蜀

人北上，開闢秦嶺，修築成「金牛道」（後世名「南棧道」），其中許多路段是懸空架設的棧道。此道開通之後，秦國的力量擴張到了西南。另，古代高樓間架空的通道稱復道，亦稱棧道。

· 絲綢之路

亦稱「絲路」。古代以中國為始發點，向亞洲中部、西部及非洲、歐洲等地運送絲綢等物的交通通道之總稱。最初只指稱從中原地區，經今新疆而抵中亞的陸上通道。後來，所指範圍逐步擴大，以至遠達亞、歐、非三洲，并包括陸、海兩條路線。現在，該詞不僅用以指稱連接世界的交通通道，同時成為古代東西方之間經濟文化交流的代名詞。古代絲綢之路包括三大幹線：（1）草原之路，大致從黃河流域以北通往蒙古高原，西經西伯利亞大草原地區，抵達鹹海、裏海、黑海沿岸，乃至更西的東歐地區；（2）綠洲之路，始於華北，西經河西地區、塔里木盆地，再赴西亞、小亞細亞等地，並南下經阿富汗、巴基斯坦、印度等地；（3）海上絲路，始於中國沿海地區，經今東南亞、斯里蘭卡、印度等地，抵達紅海、地中海以及非洲東海岸等地。

· 河西走廊

亦稱甘肅走廊。指甘肅西北部狹長高平地。在祁連山以北，合黎山、龍首山以南，烏鞘嶺以西。因位於黃河以西，為兩山夾峙，故名。東西長約一千公里，南北寬數十公里，海拔一千五百米左右。多沙磧、戈壁，大部分為山前傾斜平原。河西走廊歷代均為中國東部通往西域的咽喉要道。漢唐以來，成為「絲綢之路」的一部分。十五世

紀以後，漸次衰落。目前亦為溝通中國東部和新疆的幹道，為西北邊防重地。地域上包括甘肅省的河西五市：武威（古稱涼州）、張掖（甘州）、金昌、酒泉（肅州）和嘉峪關。

· 茶馬古道

茶馬古道是指存在於中國西南地區，以馬幫為主要交通工具的民間國際商貿通道，是西南民族經濟文化交流的走廊。茶馬古道源於古代西南邊疆的茶馬互市，興於唐宋，盛於明清，二戰中後期最為興盛。茶馬古道分川藏、滇藏兩路，連接川滇藏，延伸入不丹、錫金、尼泊爾、印度境內，直到西亞、西非紅海海岸。滇藏茶馬古道大約形成於西元六世紀後期，南起雲南茶葉主產區思茅、普洱，中間經過今大理白族自治州和麗江地區、香格里拉進入西藏，直達拉薩。有的還從西藏轉口印度、尼泊爾，是古代中國與南亞地區一條重要的貿易通道。普洱是茶馬古道上獨具優勢的貨物產地和中轉集散地，具有悠久的茶馬古道歷史。

· 驛站

古代供傳遞官府文書和軍事情報的人或來往官員途中食宿、換馬的場所。在古代，民間的通信主要靠專使騎著驛馬，一站一站送達。

· 大運河

又稱京杭運河，簡稱運河。古代水利工程。北起北京，南至杭州，流經北京、天津兩市及河北、山東、江蘇、浙江四省。溝通海河、黃河、淮河、長江、錢塘江五大水系。我國歷史上，從春秋時代

起，出於政治、經濟和軍事的需要，不斷地開鑿運河。其中，隋以前就開鑿了永濟渠，溝通了海河和黃河；開鑿了通濟渠，溝通了黃河和淮河；開鑿了邗溝，溝通了淮河和長江；開鑿了江南河，溝通了長江和錢塘江；開鑿了靈渠，溝通了長江水系和珠江水系。隋朝將這些運河貫通，形成了南北縱貫的大運河。大運河，歷史上為漕運要道。

· 漕運

本意指水路運輸，後指歷代將所徵糧食解往京師或其他指定地點的運輸。源於秦始皇將山東糧食運往北河作為軍糧。明清東南漕糧都經貫通南北的大運河運往通州、北京。為維持運輸，歷代官府修理河道，漕船又搭商貨，漕運在南北交通和物資交流上有重要作用。

· 郵驛

驛站。古時設在沿途，供出巡的官員、傳送文書的小吏和旅客歇宿的館舍。馬傳曰置，步傳曰郵。

· 驛傳

漢代傳舍規模較大，配有傳廚、傳車和驛馬，並有足夠住宿用品，負責接待過往官員、信使，以及政府特命徵召的賢士名人。唐代發展了秦漢以來的郵驛傳舍制度，在水陸交通要道上，每三十里設一座驛傳，每驛設驛長一人，主管驛務。唐代驛傳的業務範圍很廣，要負責傳遞軍政信息、地方貢品，地方官員的民情政情報告，為過往官吏、社會名流提供食宿、交通工具等。其他各代情況略有不同，但基本功能與方法變化不大。

## 相關知識

【館宇】房舍，館舍。

【館伴】古代陪同外族賓客人士的官員。

【館置】驛站的館舍。

【逆旅】客舍，旅館。

【乘傳】乘坐驛車。傳，驛站的馬車。又，古代驛站用四匹下等馬拉的車子。

【乘輿】古代特指天子和諸侯所乘坐的車子。又，泛指車馬。

【館驛】即驛舍。古時供傳遞行旅者的旅舍驛站。

【傳舍】古時供來往行人居住的旅舍。

【郵館】驛站所設供過客歇宿的館舍。

【郵傳】古時傳遞文書、供應食宿和車馬的驛站。

【郵表】古代交通要道及其交叉處樹立的路標。

【郵亭】驛館。又，遞送文書者投止之處。

【郵堠】傳舍，館驛。

【郵符】發給往來人員，准許其在驛站食宿及使用其車馬的憑證。

【郵筒】古時封寄書信的竹筒。

【郵傳】轉運官物，傳送文書。

【郵騎】古代驛站供運送官物和投遞書信所用的馬匹。借指傳遞公文郵件的人。

第九編

居住與建築

古人的居住情況，他們的建築形式，是中國傳統文化的物質載體。懂得了古人的居住與建築情形，我們就能更清晰地復原出古人的生活狀貌。

# 一 居住地

人們幾千年所生活的都市、城鎮、鄉村，曾有不同程度的變化。古人的居住地以及相關的用語，都有哪些重要的呢？

## ・國、都

最初，諸侯的封地稱為「國」。卿、大夫的居住地建有宗廟或先君神主的城，稱為「都」。國和都有明顯的等級差別，周代規定：都的城垣大小不能超過國的三分之一。在諸侯國的領地內，只有一個國，但可以有許多個都。後來，「國」擴大指封國，即諸侯國；「都」也逐漸成為了大都市的通稱。再後來，都又專指首都，為皇帝居住的都城的特稱。

**相關知識**

【京】本義為人所築的高丘。後引申為大的意思，再引申為國都的意思。

## ・邑

在殷周時是人口聚集點的統稱。城大城小、人多人少都可稱作邑，有「十室之邑」、「千室之邑」。國都也可稱「邑」。邑的周圍常

要修築圍牆。

## 相關知識

【國邑】即國都，有時也指一般城邑。

【采邑】古代卿大夫的封邑。

【奉邑】以收取賦稅作為俸祿的封地。奉，通「俸」。

【輔邑】州府所轄的郊縣。

【陵邑】漢代為守護帝王陵園所置的邑地。借指帝王陵墓所在地。又指山丘和城邑。

・城郭

城和郭都是為了防禦外敵入侵和奴隸叛亂而修築的高大的牆垣。城、郭連用時，泛指城；兩者對舉時，城是內城的牆，郭是外城的牆。城又引申指裡城，郭指外城。故有「三里之城，七里之郭」的說法。

## 相關知識

【城】圍繞城邑建造的一整套防禦構築物，以閉合的城牆為主體，包括城門、箭樓、墩台、樓櫓等，也指邊境的防禦牆和大型屯兵堡塞。

【城樓】城門上的瞭望樓。

【箭樓】城門上的樓，闢有供遠望、射箭的窗孔。

【甕城】又稱為月城，城外所築的半圓形的小城，作掩護城門，加強防禦之用。

【城邑】即城和邑。後泛指城鎮。

【城市】人口集中、工商業發達之地。

【城塹】即護城河。

【城池】即城牆和護城河。泛指城、城市。

### ・城鎮

即城市和集鎮，也單指集鎮。鄉間集市最初往往依託於物資集散的地點，進行定期的商品交換，繼而在這些地方漸次建立起經常性的商業服務設施，逐漸成長為集鎮。集鎮一般比較小，主要為周圍的農村地區服務。有的城市即由集鎮發展而來。

### ・市廛

市中店鋪，又指店鋪集中的市區。廛，原指古代城市平民一戶人家所居的房地。

**相關知識**

【廛里】古代城市中住宅的通稱。

‧市井

城邑中集中買賣貨物的場所。泛指街頭、街市，又借指商賈。

‧街衢

街、衢的本義都是四通八達的大道。後泛指城市中兩邊有商鋪、店肆的商業區段，即現在的街道。

**相關知識**

【街巷】街、巷義近，直者、大者為街，曲者、小者為巷。

‧鄉遂

周制，王畿郊內置六鄉，郊外置六遂。諸侯各國亦有鄉、遂，其數因國之大小而有不同。後亦泛指都城之外的地區。

**相關知識**

【鄉邑】指鄉遂中的城邑或人口聚居地，與鄉里義近。

‧里閭

據《周禮》，五家為一比，五比為一閭。閭，可引申指里巷的

門，再引申指人口聚居地。里，為里弄、街巷之義，先秦時曾作為一居民組織之用，《春秋公羊傳》說八十戶為一里。里閭合用，泛指里巷，後借指民間。

### 相關知識

【閭左】秦代居於里門之左的為貧苦百姓。

・鄙、野

古代都邑以外的地方稱鄙、野或小邑。所謂庶民、野人，就是指聚居在鄙、野中的底層民眾。

## 三 居家什物

古人居家的生活用具因貧賤而不同，以下是古書中常見到的。

・床榻

床，供人坐臥的用具。在古代，坐具也叫床，小的只能坐一人。榻，一種供人坐臥的家具，四足，比較低矮。較小的，供一人坐；較大的，可坐也可臥。有的榻上兩面有矮屏風。榻又特指備客留宿的床。

### 相關知識

【徐稚榻】又稱「徐榻」，指東漢陳蕃為徐稚特設之榻。陳蕃為

豫章太守，在郡不接賓客，唯為徐稚特設一榻，徐走後則將榻懸起。事見《漢書·徐稚傳》。後用為好客之典。「下榻」一詞亦由此而來。

・席筵

古人坐、臥時的鋪墊用具，用蘆葦、竹篾等編成。長的可坐數人，短的僅坐一人。席和筵，都是鋪在地上的坐具。不同在於：筵比席長一些，是鋪在地上墊席的；席是加在筵上供人坐用的。後來，筵席一詞，被用以專指酒席。

**相關知識**

【席薦】蓆子和草薦。亦泛指鋪墊物。

【席槁】以槁薦為坐席。古時臣下表示請罪的一種方式。亦用做居喪的禮節。亦指貧家的坐臥之具。槁（gǎo），多年生草本植物，莖直立中空，根可入藥。亦稱「西芎」、「撫芎」。

・衾

大被。錦衾，織錦的被子。又，指覆蓋屍體的單被。

**相關知識**

【衾幬】被子和帳子。泛指臥具。

【衾裯】指被褥、床帳等臥具，又借指侍奉寢臥等事的婢妾。裯（chóu），床帳。

· 几

音 jī，矮或小的桌子。古時人們席地而坐或坐在矮床上，用以吃飯、看書寫字、休息或擱置物件。几，比較小，幾面狹長，下面兩端有足。

· 案

盛食物的木托盤，有短腳。有食案和書案，食案有長方形的，也有圓形的，可以放在地上。食案形體不大，足很矮，實際上是古代用以進送食物的托盤。書案，長方形，兩端有寬足向內曲成弧形，不很高。到南北朝時，案足逐漸增高，由矮曲狀逐漸變直。後世指狹長的桌子或架起來代替桌子用的長木板。

**相關知識**

【舉案齊眉】後漢梁鴻之妻事夫甚謹，常把食案抬舉到眉眼那樣的高度將食物遞給丈夫。後世借此形容夫妻相互敬愛。

· 槃匜

槃（pán）即承盤，亦特指承水盤。匜（yí），古代盛水洗手的用具。槃匜，泛指古代盥洗用具。

**相關知識**

【槃盂】盤與盂。盂，盛飲食或其他液體的圓口器皿。

【槃桉】盛祭物的木盤及放置祭品盤的几案。

· 桌椅

桌，大約出現於漢代，到唐代，桌子逐漸多起來，於是出現了椅子。敦煌莫高窟唐代壁畫中，就有人們圍著桌子歡宴的場面，桌子很大，周圍可坐好幾個人。桌椅的廣泛使用，使人們改變了席地而坐的習慣，同時也引起了許多生活用具的變化。

· 胡床

古代一種可摺疊的輕便坐具。東漢末年由胡地傳入，故稱。漢靈帝時，宮廷很流行。魏晉南北朝時，關於胡床的記載已較多。將帥據胡床指揮作戰；狩獵、競射時也用胡床；居家時因胡床便於攜帶，可隨處安置，因而使用較多。至隋，改名為交床，後來改床為椅，稱為交椅。

· 交椅

坐具。胡床，即摺疊椅。至隋朝，改稱為交椅。南宋後又稱為太師椅。

· 屏風

室內陳設的作為擋風或遮蔽的用具。屏風開始是專門設計於皇帝寶座後面的，稱為「斧鉞」。它以木為框，上裱絳帛，畫了斧鉞，成了帝王權力的象徵。後逐漸發展，普及到民間，成了古人室內裝飾的重要組成部分。屏風一般陳設於室內的顯著位置，起到分隔、美化、

擋風、協調等作用。主要有立式屏風、摺疊式屏風，又有純粹作為擺設的插屏。

·鐙

原指古代盛熟食的器皿。後又用以指稱照明器具，通「燈」。早期的燈，上有盤，中有柱，下有底。盤也有做成碗形的，稱燈碗。盤內盛動物脂肪作燃料，後改為植物油，以草或線做燈芯。

**相關知識**

【燈檠】即燈架。古時，長檠高燈，遠照一堂，為富貴人家所用。而普通民眾一般僅有置於案頭的短檠燈。

【燈花】又稱燈穗，燈芯餘燼結成的花狀物。俗以燈花為吉兆。

【燈節】即元宵節，此夜民俗到處張燈結綵，故又名燈節。

·燭

古代原無蠟燭，以去皮的麻稈製成照明工具，稱為火炬，又稱為燭。後來有了蠟燭，取代火炬。蠟燭又稱為蠟炬。

**相關知識**

【蠟淚】即蠟燭燃燒時滴下的油。

【跋】即蠟燭燒盡留下的殘根。

# 住宅

古代建築因其功能不同，其式樣也有較大不同，但其中住宅是基礎。早期貴族住宅有堂有室，稱為堂室佈局。

・穴居

《易・繫辭》說：「上古穴居而野處。」人類早期以天然洞穴為家，考古發現已證實了這一點。後來，逐漸為人工洞穴所代替。至殷商時代，已有土室，即為半地穴住宅。穴居和半穴居方式，後世還在某種程度上保留著。直到今天，黃土高原仍有不少鄉村習慣住窯洞。

・半穴居

考古資料顯示，殷商時代較典型的為半地穴住宅。據《詩經・大雅・綿》記載周的先祖古公亶父建造的住所，就有「穴」和「復」。其形制大概是：先挖一個地穴，穴的四周為土牆，在穴的中央立一木柱，以草蓋頂，此頂稱為「復」。

・巢居

上古之人有在樹上築巢而居的方式，較多出現於南方。據說，巢居可能有兩方面的原因：一是為了避猛獸，二為防潮。這種巢居方式，與後世的樓房、吊腳樓有一定的聯繫。

・宅

日常居住的地方，並指人居住的整個範圍，不光指人們居住的房

屋，還包括房屋前後左右的地方。

## 相關知識

【宅第】又稱府第，指貴族官僚或士紳人家的住宅。與一般住宅相比，其規模較大、規格較高、裝飾更考究更豪華。

【猩宅】高級官員的官邸（dǐ）。

### ·舍、館

指人的臨時住處，在古代是接待人的地方。二者的區別在於，舍是指臨時居住的處所和一般的客室，作房屋時，往往指簡陋的房屋；館則是固定接待賓客的客舍，要比舍華麗。

### ·廬、寓

廬是指臨時搭建的簡陋住室，沒有樑柱，沒有門楣，類似今人所說的茅屋、窩棚；寓本是寄居的意思，後來稱自己家居之外的住所叫寓所或某寓。

### ·板築

又作「版築」。中國早期土木建築多搗土為牆，稱為築。築土前先夯實牆基。築牆時，以兩板相夾，填土於其中，用杵搗實。這種方式在民間長期存在，一直到現代仍然繼續使用。

**相關知識**

【傅岩】古地名，相傳商代賢士傅說為奴隸時版築於此。後來，武丁舉以為相。後世因以泛指棲隱之處或隱逸之士。

· 基礎

指建築物的根腳，牆基的夯土稱基，柱子所立的石墩稱礎。基礎是整個建築賴以豎立的依靠。後喻指一般事物發展的根本或起點。

· 屋脊

傳統木結構房屋多為人字形屋頂，屋頂中間高起的部分稱屋脊，指屋頂相對的兩斜坡在頂端的交會線。也用以指屋棟、棟梁。

· 棟梁

梁，指架在牆上或柱子上支撐房頂的橫木，亦泛指水平方向的長條形承重構件。棟則指房屋的正梁，即屋頂最高處的水平木樑，支撐著椽子的上端。

**相關知識**

【棟宇】房屋的正中和四垂。亦可指代房屋。

【脊檁】架在木結構屋架上面最高的一根橫木。俗稱大梁。

·椽桷

放在檁上架著屋頂的木條，其作用主要是承屋瓦。圓的木條叫椽，方條叫桷（jué）。

## 相關知識

【椽筆】如同椽子一樣的大筆。用以稱譽他人文筆出眾。

·楹柱

較大的房屋需在屋中立若干承重的柱子。楹，指廳堂前部的柱子。後世人們往往在此掛貼對聯，稱為楹聯。

·門楣

楣，房屋的橫樑，即二梁。又指屋簷口，即椽端的橫板。又指門框上的橫木。門楣，亦作「門眉」，即門框上端的橫木。又指門庭，故有「光大門楣」之說。

·門戶

古代門和戶有別，雙扇的為門，單扇的為戶。宮室從外到內，凡正中的門都是雙扇大門，其他的室門則是單扇的戶。周人稱外大門為皋門，中大門（即堂門）為應門，室的大門為路門或寢門。

## 相關知識

【蓬戶】又稱席戶，指貧寒之家。

【垂花門】亦稱「垂花二門」，體現四合院典型特徵。這種門有像屋頂樣的蓋，四角有下垂的短柱，不落地，懸在中柱穿枋上，柱的頂端雕花彩繪，故稱。

· 窗牖

士大夫以上的人住所既有門、戶，又有窗牖。窗牖泛指窗子，二者一般沒有籠統言之，沒有區別。若加區分，戶邊的窗叫牖，北向的窗叫向。《詩經·七月》的「塞向墐戶」，是說農夫的住室為了避風，到冬季要用土糊住北窗，又用泥抹嚴室門的縫。

## 相關知識

【窗櫺】窗格子，即雕有圖案的格子。

【繩樞戶牖】古代窮人住所簡陋，雖有戶有牖，但只略具該項功能而已：用繩繫住門框，用破甕塞在牆上當窗。

· 牆、垣、墉、堵

凡用磚石等砌成的承架房頂的建築體，或用以隔開內外的建築體，都稱為牆。垣為矮牆，如稱短垣，一般指院牆、圍牆。墉，本義為城牆，引申指高牆。堵，本義亦為牆，亦為矮牆。

## 相關知識

【環堵】《說文解字》：「五版為一堵。」後有學者折算一堵為長一丈、高一丈。環堵即四周環著僅一方丈的土牆，形容狹小、簡陋的居室。又借指貧窮人家。

【諫垣】垣，可代指官署。諫垣，即諫官官署。

### ‧宮室

宮、室都是房屋的意思。二字常混用，分別言之，則宮是總名，指整所房子，包括房屋外面的圍牆；室側重於房屋內部，只是整所住宅的一個居住單位，即住室。故圍牆稱「宮牆」，「升堂入室」不可改為「入宮」。另，先秦時期，宮室指一般住宅，沒有貴賤之分。秦漢以後，只有帝王的住所才叫做宮，如皇宮、宮殿。後來，宗廟、神廟也叫宮。從此，宮、室二詞意義就有比較大的差別了。

### ‧殿堂

殿本為高大的房屋，後又特指帝王所居住和朝會的地方，或供奉神佛的地方。堂指建築物前部對外敞開的部分。殿、堂為皇室建築中的主體部分，二者區別較大：堂只有階，殿則不僅有階，還有陛。另外，殿除台基之外，下面還有一個高大的檯子做底座，由長長的陛級聯繫上下。

### ‧堂、室、房

古代建築的主體由堂、室、房組成，都建築在高台之上。堂的位

置是在住室的前面，不住人，是古人行吉、凶大禮的地方。堂的後面是室，是住人的地方。帝王的室叫路寢（路，大也），大夫以下稱正寢。室的東、西兩側有屋，叫東、西房。堂前有台階。

## 相關知識

【東西序】周代典型的宮室，堂的東西兩側的牆分別稱為東序、西序。

【東西夾】堂的東西兩側，即序之外各有一個小夾室，叫東夾與西夾，又稱為閣。

### ．廂

廂指堂的東西兩側的夾室前小屋，後世多指堂和室之間的左右兩側房屋。堂、室都朝南，後世的東廂、西廂則朝西東。

### ．四隅

寢室內的四角，分別稱之為奧、窔、宧、屋漏。室內的西南角稱做奧，此處為尊者居坐之處。西北角施設小帳，安藏神主，為人所不見的地方，稱做屋漏。東漢學者鄭玄解釋說：「屋，小帳也。漏，隱也。」此外，東南角稱窔（yào），東北角稱宧（yí）。四隅都有幽深、隱蔽之意。

**相關知識**

【奧阼】室之西南隅，為尊者、主人之位。

【奧主】國內之主，比喻國君。

【窔奧】深奧不明處。

・階陛

堂前的台階有兩個，分東、西階。東階是主人行走時用的，而西階是留給賓客行走時用。宮殿的台階有級數規制，稱為陛。

・影壁

在院落的大門內迎面處，或大門外正對門之處所立的一道短牆，做屏障之用，又稱蕭牆、照壁。影壁能在大門內或大門外形成一個與街巷既連通又有限隔的過渡空間。明清時代影壁從形式上分有一字形、八字形等。

**相關知識**

【蕭牆之禍】指內訌。

・廊廡

廡（wǔ），堂下周圍的走廊、廊屋。廊廡泛指在屋簷下面、正房兩旁所建的有頂的通道，包括迴廊和遊廊，基本功能為遮陽、防雨和供人小憩。在廊的細部常配有幾何紋樣的欄杆、坐凳、鵝項椅（又稱

美人靠或吳王靠）、掛落、彩畫，隔牆上常飾以什錦燈窗、漏窗、月洞門、瓶門等各種裝飾性建築構件。

・樓閣

泛指多層建築物。閣，下部架空的小樓房。閣一般平面近方形，兩層，有平坐，在建築組群中可居主要位置，如有的佛寺以閣為主體。閣通常四周設隔扇或欄杆迴廊，供遠眺、遊憩、藏書和供佛之用。樓則多狹長曲折，在建築組群中常居於次要位置，如佛寺中的藏經樓，王府中的後樓、廂樓等。後世樓閣二字互通，無嚴格區分。

**相關知識**

【山閣】又稱為阿閣。建在山上的下層跳空的小樓房。

【飛閣】高閣，四角有突出如鳥翼形的屋簷。又指樓閣間架空的通道，又稱為閣道、復道。

・庭院

庭是指堂前的露天空地，面積一般較大。王宮的庭是群臣朝見君主的地方，故稱朝廷。庭中一般還種植槐樹、柏樹等。堂後與室之間，一般也有露天空地，稱後庭，後世或稱為院。

## 四 宮殿和其他建築

宮殿建築在堂室佈局的基礎上加以發展，規模更大，更講究皇家

的尊貴和氣派。其他的如祭祀、寺宇道觀和園林建築，功能特殊，建築形式顯得更特別一些。

· 宮殿

秦漢以前，與殿堂同義，多指高大的正房。秦漢以後，宮殿為帝王專用，後來又為宗教神祇所用。歷代宮殿，基本都採用前朝後寢的佈局。沿著中軸線在最前面設置若干大殿，為朝會施政之所，以高大、空曠為特點；後庭為宮，是帝后、嬪妃所居之處。宮殿都追求宏偉壯麗，一表現在宮殿屋宇之多，如西漢時蕭何負責修造的未央宮就由四十多座殿堂組成，周長達十一公里；二表現在殿頂的形式和裝飾上的考究，如大屋頂設計，逐漸形成以重檐廡殿為最尊貴的形式。

· 闕

最初指部落聚居地的主要入口兩側的崗樓形式，後來演化成皇宮的進門。一般是左右各一，建成高台，台上有觀樓。因為二闕之間有空缺，因此叫做「闕」或「雙闕」。它開始是顯示威嚴、供守望用的。後來逐漸成為區分尊卑、崇尚禮儀的裝飾建築。又名觀、魏闕、象魏。

· 甬道

樓房之間有棚頂的通道為甬道，兩旁有牆或其他障蔽物的馳道或通道亦為甬道。院落中用磚石砌成的路。

## 相關知識

【馳道】古代供君王行駛車馬的道路。泛指供車馬馳行的大道。

・明堂

帝王宣明政教的地方。凡朝會、祭祀、慶賞、選士、養老、教學等大典，都在此舉行。

・祠堂

最初春祭稱祠，祠後來用來泛指對鬼神的祭祀。漢代以後則變成祭神的住所，以後又稱供奉祖先的廟為祠、祠堂。

・亭

傳統建築中周圍開敞的小型點式建築，供人停留、觀覽，也用於典儀，出現於南北朝的中後期。亭又指古代基層行政機構，兼設有旅舍形式。亭一般設置在可供停息、觀眺的形勝之地。還有專門用途的亭，如碑亭、井亭、宰牲亭、鐘亭等。亭的平面形式除方形、矩形、圓形、多邊形外，還有十字、連環、梅花、扇形等多種形式。

・台榭

台原指地面上的夯土高墩，榭為台上的木構房屋，兩者合稱為台榭。最早的台榭只是在夯土台上建造的有柱無壁、規模不大的敞廳，供眺望、宴飲等用。有時具有防潮和防禦的功能。榭還指四面敞開的較大的房屋。唐以後又將臨水的或建在水中的建築物稱為水榭。

· 坊表

中國古代具有表彰、紀念、導向或標誌作用的建築物，包括牌坊、華表等。牌坊又稱牌樓，為單排立柱。在立柱上加匾額等構件而無屋頂的稱為牌坊，有屋頂的稱為牌樓。牌樓多立於離宮、苑囿、寺觀、陵墓等的入口處，或在城鎮街衢的衝要處，如大路起點、十字路口、橋的兩端等處。華表為成對的立柱，起標誌或紀念性作用。漢代稱桓表。明清時的華表主要立在宮殿、陵墓前，個別有立在橋頭的，如北京盧溝橋頭。

**相關知識**

【功德坊】歷代帝王為了表彰那些對國家作出巨大貢獻的功臣們，就在其家鄉為其建立功德坊，旌表其功德，這對臣子們來說是無上的榮耀。

· 寺

最初指衙門，在漢代，三公衙門稱府，九卿衙門稱寺，如大理寺等。後由於西域僧人傳經至中土，居於鴻臚寺，後便將僧人所居的廟也稱做寺了。寺後來就專指和尚廟。

· 廟

本指祭祀建築，如供奉祖先的房屋，有宗廟、太廟等，再如祭祀山川、神靈、仙佛或奉祀聖賢的地方，有寺廟、岱廟、城隍廟、土地廟、孔廟、關帝廟等。另外還指王宮的前殿，泛指朝廷，如廟堂。

・觀

宗廟或宮廷大門外兩旁的高建築物。後來，道教的廟宇也叫觀。

・壇

古代祭祀天、地、社稷，以及誓師等大典之用的高台，用土和石築成。著名的有北京城內外的天壇、地壇、日壇、月壇、祈谷壇、社稷壇等。

・塔

供奉或收藏佛舍利（佛骨）、佛像、佛經、僧人遺體等的高聳型點式建築，又稱佛塔、寶塔，也常稱為佛圖、浮屠、浮圖等。塔是中國古代建築中數量極大、形式最為多樣的一種建築類型。塔一般由地宮、塔基、塔身、塔頂和塔剎組成。地宮藏舍利，位於塔基正中地面以下。塔基包括基台和基座。塔剎在塔頂之上，通常由須彌座、仰蓮、覆缽、相輪和寶珠組成，也有在相輪之上加寶蓋、圓光、仰月和寶珠的塔剎。

# 第十編

# 教育與科學

古代的教育資源奇缺，能享受教育的人很有限，所以，總的來說，古代教育屬於菁英教育，是為培育社會菁英分子而設立的。不過，先秦時代，孔子興辦私學，宋以來私人性質的書院蜂起，這都在一定程度上促進了整個社會文化的進步。

正如許多文學作品所描寫的那樣，科舉制度的弊病從它誕生時起就已經顯露出來。然而，科舉考試相對於此前的察舉制而言，顯然是一大進步。作為一種制度，它使貧寒士子享有了仕進的權利，使他們能夠進入社會上層。

# ■ 教育

在教育方面，古今差異很大。中國古代，有政府興辦的學校，有社會興辦的書院，也有底層的私塾，等等，但在教育資源奇缺的古代，人們是如何成長的呢？這是一個很值得研究的課題，研究這一課題，需要從基本的事實入手。

## ・校

按照《禮記》、《孟子》等典籍的記載，夏代就已有學校，名為「校」。典籍的解釋是：「校者，教也。」其主要教育內容為：祭祀禮儀和射、御、書、數等的教育。後世成為一般學校的名稱。

## ・庠（xiáng）

周朝學校的名稱。《孟子》說：「庠、序，養也。」就是說，庠原義為養。周朝學校名「庠」，源於虞舜時期教養機構。重點利用養

老的活動，來對年青一代推行孝悌教育。

**相關知識**

【庠生】科舉時代稱府、州、縣學的生員。明清時為秀才的別稱。

・序

殷商時代學校的名稱。起初是教射之地，後發展成為貴族一切公共活動（包括教育子弟）的場所。禮樂、習射、宗教教育是其教育的基本內容。

**相關知識**

【庠序】並稱指地方學校。又，泛指學校。殷代叫庠，周代叫序。

・國學

先秦學校分為兩大類：國學和鄉學。國學最初是指東周設於王城及諸侯國都的學校，為天子或諸侯所設，包括太學和小學兩種。太學、小學教學內容都是以「六藝」（禮、樂、射、御、書、數）為主，小學尤以書、數為主。後代的國學是京師官學的通稱，主要指太學和國子學。

・鄉學

與國學相對而言，泛指地方所設的學校。周代特指六鄉州黨的學校。

・泮（pàn）宮

即學宮。周代王畿內的太學叫辟雍，在諸侯國的太學叫泮宮。在泮宮前有一個水池，狀如半月形，叫泮水。後代沿襲其形制。明清州、縣考試新進生員須入學宮拜謁孔子，故入學又稱入泮或游泮。

・稷下學宮

戰國時期齊國的高等學府，因設於都城臨淄稷下而得名。當時的儒、法、墨、道、陰陽等各學派都彙集於此，是戰國時期「百家爭鳴」的重要園地。他們興學論戰、評論時政和傳授生徒，孟子和荀子等大師都曾來此講學。

・太學

中國封建時代的教育行政機構和最高學府。魏晉至明清或設太學，或設國子學（監），或兩者同時設立，名稱不一，制度也有變化，但都是教授王公貴族子弟的最高學府，就學的生員皆稱太學生、國子生。

・成均

古之大學。又，泛稱官設的最高學府。

## ・六藝

周代學校的學習內容。主要指禮、樂、射、御、書、數。又，指「六經」，即《詩》、《書》、《禮》、《樂》、《易》、《春秋》。

## ・國子學

中國封建時代的教育管理機構和最高學府。國子是指公卿大夫的子弟。晉朝時規定，只有五品以上的子弟才允許進入國子學，而太學則是六品以下子弟與庶民俊秀子弟求學之所。國子學和太學均為最高學府。當兩者都設立時，國子學的對象屬於更高統治者的子弟。

## ・國子監（jiàn）

漢魏時所設太學，西晉改稱國子學，隋又稱國子監，從此國子監與太學互稱，都是最高學府兼有教育行政機構的職能。

## ・監生

國子監的學生，由學政考取，或地方保送，或皇帝特許，後來成為虛名，捐錢就能取得監生資格。明清兩代稱在國子監讀書或取得進國子監讀書資格的人。

## ・諸生

明清時期經考試錄取而進入府、州、縣各級學校學習的生員。生員有增生、附生、廩生、例生等，統稱諸生。

・書院

　　唐宋至明清出現的一種獨立的教育機構，是私人或官府所設的聚徒講授、研究學問的場所。宋代著名的四大書院是江西廬山的白鹿洞書院、湖南善化的岳麓書院、湖南衡陽的石鼓書院和河南商丘的應天府書院。

**知識擴展**

　　【岳麓書院】在今湖南長沙，是北宋初年潭州太守朱洞創建的。南宋朱熹曾在此處講學，倡導理學。到了明朝，王守仁也曾在此講學，使其聲名遠播。清朝時逐漸衰落。

　　【白鹿洞書院】在江西廬山五老峰下。唐貞元年間（785-805），李渤及其兄李涉曾在此讀書，並在身邊養了一隻白鹿，於是取名白鹿洞。南唐時在此創立廬山國學。北宋更名為白鹿洞書院。西元一一七八年，朱熹知南康軍，重修該書院，並訂立白鹿洞書院教規，又聘請著名學者陸九淵等名流來此講學，從此白鹿洞書院大聞於世。

　　【應天府書院】又稱睢陽書院，前身為南都學舍，原址位於河南省商丘縣城南，由五代後晉楊愨所創，後來他的學生戚同文繼續在此辦學。北宋立國初期，實行開科取士，睢陽學舍的生徒參加科舉考試，登第者達五六十人之多。文人士子慕戚同文之名不遠千里而來求學者絡繹不絕，一時盛況空前，睢陽學舍逐漸形成了一個學術文化交流與教育中心。宋真宗時，這所書院得到官方承認和支持，成為宋代較早的一所官學化書院。

【石鼓書院】位於衡州（今衡陽）石鼓山，因此得名。唐憲宗時李寬在石鼓山建屋讀書。北宋時李士真在其舊址建立書院。南宋時，規模開始變大。

· 精舍

又稱精廬，漢代的私立學校。後泛指私家書齋、學舍，即集生徒講學之所。宋以後，有的非官辦書院也稱精舍。又，僧、道居住或講道說法之所也稱精舍。

· 私塾

古代民間教讀書的地方，為私學的一種。一般都是富有的人家在自己的家裡設立書館，教授自己的子女或同宗族的孩子學習。學習的課本是《童蒙訓》。

· 司徒

官名。相傳少昊始置，唐虞因之。周時為「六卿」之一，掌管國家的土地和人民的教化。漢哀帝時成為「三公」之一。東漢起改稱「司徒」。歷代因之，明廢。

· 學官

又稱「教官」，是古代主管學務的官員和官學教師的統稱。周代設有專職教育官師氏（或尊稱師），掌教武藝，有大師、小師的級別。教師的職責是教授音樂、射箭、道德、禮儀等，這是早期的專職教師。

· 博士

古為官名。源於戰國，當時齊國曾置博士之官。西漢博士通曉古今，職責主要是掌管書籍文典，以備顧問，為太常屬官，官秩為約六百石，員額多至數十人。漢武帝時，設五經博士，宣帝時增至十二人。博士置弟子，初為五十人。武帝后，博士專門負責經學的傳授。唐代置國子、太學、四門等博士，另有律學、書學、算學博士，府學、州學、縣學博士之稱，均為教授官。成為學術上專通一經或精通一藝、從事教授生徒的官職。

· 助教

學官名。是國子監或太學的學官，協助國子祭酒和國子博士教授生徒，又稱國子助教。

· 學正

宋元明清國子監所屬學官。協助博士教學，併負訓導之責。又指地方學校學官。元代路、下州、縣學及書院設學正，明清州學設學正，負責教育所屬生員。

· 祭酒

古代主管國子監或太學的教育行政長官。戰國時荀子曾三任稷下學宮的祭酒，相當於現在的大學校長。唐代的韓愈、明代的崔銑都曾任過國子監祭酒。

**知識擴展**

【司成】官名。古代教國子（貴族子弟）之官，見《禮記》。後為國子監祭酒的別稱。唐高宗時一度改國子監為司成館，不久恢復國子監之名。但文人仍常用司成一名為祭酒的別稱。

・司業

學官名。隋以後國子監置司業，為國子監的副長官，相當於現在的副校長，協助祭酒，主管儒學訓導之政。至清末廢除。

・學政

學官名。提督學政的簡稱，亦稱督學使者，俗稱學台。清雍正年間（1723-1735）始設，每省一人，按期至所屬各府、廳考試童生及生員；均由侍郎、京堂、翰林、科道及部屬等官由進士出身者選派，三年一任。不問本人官階大小，任期內借按欽差待遇，與督撫平行。

・教授

原指傳授知識、講課授業，後成為學官名。漢唐以後各級學校均設教授，主管學校課試具體事務。

・教習

學官名。掌課試之事。明代選進士入翰林院學習，稱「庶吉士」。命學士一人（後改為禮、吏兩部侍郎二人）任教，稱為「教習」。清代沿用此制：翰林院設庶常館，由滿漢大臣各一人任教習，

選侍講、侍讀以下官任小教習。官學中也有設教習者。

· 講讀

官名。唐代開始設集賢院侍講學士、翰林侍講學士，職掌講論文史，備君主顧問。宋代沿置翰林侍講侍讀學士，其次則為侍講侍讀，都是以他官之有學問者兼充。明清則列為翰林院額定之官，有侍讀學士、侍講學士，掌撰著記載等事；又有侍讀、侍講，掌講讀經史等事，合稱講讀。

· 教諭

學官名。宋代在京師設立的小學和武學中始置教諭。元、明、清縣學也置教諭，掌文廟祭祀，教育所屬生員。明清時縣學教諭的別稱又叫司訓。

· 提學

官名。北宋崇寧二年（1103）在各路置提舉學事司，掌管州縣學政。金設提舉學校官，元有儒學提舉司，明置提學道，清設督學道、提學使等，俱簡稱提學。

· 小學

對兒童、少年實施初等教育的學校。始於西周，此前稱下庠、西序、左學等，其後名稱不一。官學如四門小學、內小學；私學如書館、鄉塾。近代小學始於十九世紀末。

## 相關知識

【左學】相傳殷代的小學，西周為國學之一種。一說右學、左學皆太學，同在城郊，實為一學，但有楹東、楹西之分。

【書館】漢代教授幼童的蒙學，也稱小學。書館以教兒童識字為主。

· 鄉塾

舊時鄉里進行教學的地方。

· 右學

古代屬於大學性質的教育機構。古人以西為右，殷人尚右尚西，將大學設在西郊，故稱右學。

· 瞽宗

商代大學特有的名稱。當時大學的教育以樂教為重，其教師稱樂師。樂師在學中祀其先師為樂祖，學也就成為樂師的宗廟，故稱瞽宗。瞽宗是當時奴隸主貴族子弟學習禮樂的學校。這表明商代已根據不同年齡，提出不同的教育要求，實際上劃分了教育階段。

· 四學館

南北朝時期（465-472）的學校教育，從宋文帝時首創了分科設學和分科教學的教育體制，分別設立了玄學館、儒學館、文學館、史學館等類似單科大學性質的「四學館」，各就專業招收門徒，實行分

科講授，擴大了官學中的設科範圍。

· 總明觀

南朝宋明帝時，中央政府設置了兼具講學、科研雙重性質的總明觀。這一機構至南朝齊稱學士館，南朝梁稱集雅館和士林館，北朝的北齊稱文林館，北周稱麟趾學和通道觀等。

· 六學二館

唐朝繼承隋朝的教育制度，並加以發展和完善，先後增益開設了「六學二館」，即國子學、太學、四門學、律學、書學、算學和弘文館、崇文館。另外還有醫學、天文等少數科技專科教學、科研機構。

· 武學

古代培養軍事人才的學校。北宋慶曆三年（1043）正式設置，數月即廢。熙寧五年（1072）復置，南宋及明代承襲。

· 義學

清代在州縣的地方學校，它是相對省立的書院而言的。凡是州縣子弟年齡十二歲以上、二十歲以下者均可入學。對於貧困的學生，還發給薪水。

· 社學

在鄉的地方學校。清中葉之後，逐漸成為地主階級辦「團練」、「御盜賊」之所。

# ▣ 科舉

科舉制度形成於隋唐，此後在發展中逐漸趨於穩定，基本內容有以下一些：

・察舉

漢代選拔官吏制度的一種形式。察舉有考察、推舉的意思，又叫薦舉。由侯國、州郡的地方長官在轄區內隨時考察、選取人才，推薦給上級或中央，經過試用考核，再任命官職。

## 相關知識

【孝廉】孝，指孝悌者；廉，清廉之士。分別為統治階級選拔人才的科目，始於漢代，東漢時尤為求仕者必由之途，後往往合為一科。又，指被推選的士人。明清兩代成為對舉人的稱呼。

【賢良】古代選拔統治人才的科目之一。由郡國推舉文學之士充選。亦為「賢良文學」、「賢良方正」的簡稱。

【茂才】即秀才。因避漢光武帝名諱，改秀為茂。明清時入府、州、縣學的生員叫秀才，也沿稱茂才。

・徵辟

漢代選拔官吏制度的一種形式。徵，是皇帝徵聘社會知名人士到朝廷充任要職。辟，是中央官署的高級官僚或地方政府的官吏任用屬吏，再向朝廷推薦。

## ·九品中正制

魏晉南北朝時選拔官吏的制度。東漢末，曹丕創立。推選各郡有聲望者為「中正」，負責對當地士人進行考察並評定為九等（九品），再由政府按等選用，依品授官。後演變成世族地主控制政權的工具。隋文帝時廢。

## ·制舉

科舉取士的制度。除地方貢舉外，皇帝親自在殿廷詔試取士，此科為制科舉，簡稱制科、制舉。孕育於兩漢，成制於唐代。

## ·科舉

指歷代封建王朝通過考試選拔官吏的一種制度。由於採用分科取士的辦法，所以叫科舉。從隋代至明清，科舉制實行了一千三百多年。到明朝，科舉考試形成了完備的制度，共分四級：院試（即童生試）、鄉試、會試和殿試。考試內容基本是儒家經義，以「四書」文句為題，規定文章格式為八股文，解釋必須以朱熹《四書集注》為準。

## ·貢舉

古代官吏向君王薦舉人員的泛稱。始於西漢武帝元光元年（前134）。後世指科舉制度。

· 童生試

也叫「童試」。明代由提學官主持、清代由各省學政主持的地方科舉考試，包括縣試、府試和院試三個階段，院試合格後取得生員（秀才）資格，方能進入府、州、縣學學習，所以又叫入學考試。應試者不分年齡大小都稱「童生」。

· 鄉試

明清兩代每三年在各省省城（包括京城）舉行的一次考試。凡本省生員與貢生、監生等經科考合格者，均可參加。適逢子、卯、午、酉年為正科，因在秋八月舉行，故又稱秋闈（闈，考場）。遇有國家慶典，臨時增加一次，叫做恩科。鄉試元年叫大比之年。主考官由皇帝委派，考後發佈正、副榜。正榜所取的叫舉人，第一名叫解元。

· 貢院

科舉時代考試貢士的場所。清代貢院通常建立於城內東南方。大門正中懸「貢院」匾，大門內有龍門，再進為至公堂。龍門、至公堂之間有明遠樓。至公堂之東西側為外簾，至公堂後進有門，入門為內簾。貢院兩旁建號舍，以供應試者居住，北京及大省凡萬餘間，小省則數千間。以數十間至百間為一列，形如長巷，每巷用《千字文》編列號數。應試者入內即封號柵，俟交卷日方開。貢院外牆鋪以荊棘，故貢院亦稱棘闈。

·會試

明清兩代每三年在京城舉行的一次考試，因在春季舉行，故又稱春闈。考試由禮部主持，皇帝任命正、副總裁，各省的舉人及國子監監生皆可應考，錄取三百名為貢士，第一名為會元。

·殿試

科舉制最高級別的考試。皇帝在殿廷上，對會試錄取的貢士親自策問，以定甲第。實際上皇帝有時委派大臣主管殿試，並不親自策問。錄取分為三甲：一甲三名，賜「進士及第」的稱號，第一名稱狀元（鼎元），第二名稱榜眼，第三名稱探花；二甲若干名，賜「進士出身」的稱號；三甲若干名，賜「同進士出身」的稱號。二、三甲第一名皆稱傳臚，一、二、三甲統稱進士。

·大、小傳臚

在殿試名次中，第四名即二甲第一名俗稱傳臚。前十名名次決定之後，皇帝首先接見，叫做小傳臚。第十一名以下名次由讀卷大臣排列，分為二甲、三甲兩類。然後，皇帝在太和殿接見全體新進士，叫做大傳臚。

·瓊林宴

大傳臚之後，禮部賜宴，宴請眾位進士，這叫做「恩榮宴」。又因為是在瓊林苑賜宴，故又稱瓊林宴。

．及第

別稱「登科」。指科舉考試應試中選，即特指考取進士。明清兩代只用於殿試前三名，即狀元、榜眼、探花才稱進士及第。古時考中進士有披宮袍之禮俗。應試未中的叫落第、下第。

．科甲出身

進士出身，叫做兩榜出身；舉人出身叫一榜出身。統稱「科甲出身」。這是被明清讀書人認為是最榮耀的做官道路，被稱為正途。

．生員

通過院試（童試）的可稱為生員或秀才。東漢時避光武帝劉秀諱，而改稱茂才。

．解元

生員（秀才）參加鄉試，第一名稱解元，其餘考中的稱舉人。

．舉人

參加鄉試而被錄取的稱舉人。舉人可授知縣官職。

．會元

舉人參加會試，第一名稱會元，其餘考中的稱貢士。

· 進士

貢士參加殿試錄為三甲都叫進士。考中進士，一甲即授官職，其餘二甲參加翰林院考試，學習三年再授官職。

· 明經

漢代以明經射策取士。隋煬帝置明經、進士二科，以經義取者為明經，以詩賦取者為進士。宋改以經義論策試進士，明經始廢。明清後成為對貢生的尊稱。

· 對策

古時就政事、經義等設問，由應試者對答，稱為「對策」。自漢代起作為取士考試的一種形式。又作對冊。

· 狀元

科舉制度殿試第一名。又稱殿元、鼎元，為科名中最高榮譽。

· 鼎甲

指殿試一甲三名：狀元、榜眼、探花。如一鼎之三足，故稱「鼎甲」。狀元居鼎甲之首，因而別稱鼎元。

· 連中三元

凡在鄉、會、殿三試中連續獲得第一名，被稱為連中三元。

・八股文

明清科舉考試制度所規定的一種文體，也叫時文、制義、制藝、時藝、四書文、八股文。這種文體有一套固定的格式，規定由破題、承題、起講、入手、起股、中股、後股、束股八個部分組成，每一部分的句數、句型也都有嚴格的限定。從「起股」到「束股」是八股文的主要部分，每段都有兩股相互對偶的文字，共為八股，八股文也由此得名。

**相關知識**

【破題】唐宋時應舉詩賦和經義的起首處，須用幾句話說破題目要義，故名。明清時八股文的頭兩句沿稱破題，並成為一種固定的程式。

【承題】申述題意，為三句或四句，承接「破題」加以說明。

【起講】概括全文，是議論的開始。

【入手】指引入文章主體。

・彌封

科考時為了防止閱卷時出現徇私舞弊的現象，從宋代開始採取了一種把考卷上的姓名、籍貫等密封起來的措施，叫糊名，又叫彌封或封彌。

·案首

清代各省學政於考試後揭曉名次，稱為出案。參加縣試、府試、院試，凡是名列第一名的相沿稱為案首。學政於取定新生後揭曉名次的榜示稱為紅案。

·金榜

古代科舉制度殿試後錄取進士、揭曉名次的佈告，因用黃紙書寫，故而稱黃甲、金榜。又由於多由皇帝點定，俗稱皇榜。考中進士就稱金榜題名。

·鹿鳴宴

指科舉考試放榜後，新科舉人應參加巡撫衙門的宴會。隨後，舉子們紛紛拜老師、認同年。一般稱主考官為座師，稱同考官（即閱卷官）為房師。

·同年

科舉時代同榜錄取的人互稱同年。

·貢生

科舉制度中，生員一般隸屬於本府、州、縣學的，若經考選升入京師國子監讀書的，則不再是本府、州、縣學的生員，而稱為貢生，意即以人才貢獻給皇帝。他們一般不入監讀書，只具有太學生的資格，可以直接參加鄉試，也可被選出來出任官職，但擔任的一般都是

地方學教官。明清兩代貢生有不同的名目。明代有歲貢、選貢、恩貢和納貢；清代有恩貢、拔貢、副貢、歲貢、優貢和例貢。統稱五貢。

· 拔貢

科舉制度中選拔貢入國子監的生員的一種。清初定六年一次，乾隆時改為每十二年（即逢酉歲）一次，由各省學政選拔文行兼優的生員，貢入京師，稱為拔貢生，簡稱拔貢。經朝廷考核合格，入選者一等任七品京官，二等任知縣，三等任教職；更下者罷歸，稱廢貢。

· 優貢

清制每三年從各省學政於府、州、縣的生員中選拔文行俱優者，與督撫會考核定數名，貢入京師國子監，稱為優貢生。經朝考合格後可任職。

· 歲貢

科舉時代貢入國子監的生員的一種。明清兩代，每年或兩三年從府、州、縣學中選送廩生升入國子監肄業，故稱。

· 恩貢

明清科舉制規定，每年由府、州、縣選送廩生入京都國子監肄業，稱為歲貢。凡遇皇帝登極或其他慶典而頒佈恩詔之年，除歲貢外再加選一次，稱為恩貢。

・副貢

清代科舉取士，在鄉試中備取的列入副榜，得入太學肄業，稱為副貢。

・廩生

明清兩代稱由公家給以膳食的生員。又稱廩膳生。明初生員有定額，皆食廩。其後名額增多，就稱初設食廩者為廩膳生員，省稱廩生。廩生中食廩年深者可充歲貢。

・增生

明代生員中有月廩者只限定了一定名額，故在廩生正額之外，增加名額，稱為增廣生員，簡稱增生，無月米，地位次於廩生。

・附生

明代科舉制中額外增取的生員，附於諸生之末，稱附學生員，省稱附生。後凡初入學者都稱為附生，其歲、科兩試等第高者可補為增生、廩生。

第十一編

# 書法與繪畫

書法與繪畫是人類文明中非常精粹的兩門藝術，在中國文化中地位尤為重要，中國書畫是美的藝術，更是承載有中國人思想情操、生活態度、人格精神等豐富內涵的文化形式。寫字作畫，是中國人高雅生活最典型的表現形態。

## ■ 書法

　　文字書寫而成的真正的藝術，在世界上，據說只有起源於手抄本《古蘭經》的阿拉伯書法和漢字書法兩種。但阿拉伯書法主要屬於裝飾性藝術；漢字的書法藝術則是中國文化的載體，是中國人精神風貌的象徵。

### ˙六體

　　中國書法中的六種字體。歷來有不同的說法，據今常見的《六體書字典》等出版物，主要有三種不同：一是楷、行、草、隸、篆、金文，二是楷、行、草、隸、篆、魏碑，三是真、草、隸、行、篆、簡帛。

### ˙甲骨文

　　目前所發現的最早的中國文字，是殷商時代刻在龜甲或獸骨上面的文字，這些文字主要是用來卜斷吉凶的，占卜的過程先利用火燒灼龜甲，龜甲上便會出現裂痕。商代的人們便根據這裂痕卜斷吉凶，並將卜問的事情和結果刻錄在龜甲上，而這些刻在龜甲或獸骨上的文字便稱為甲骨文。

· 金文

在青銅器上鑄銘文的風氣，從商代後期開始流行，到周代達到高峰。先秦稱銅為金，所以後人把古代銅器上的文字也叫做金文，由於鐘和鼎在周代各種有銘文的銅器裡占有比較重要的地位，所以也稱金文為鐘鼎文。

· 小篆

「篆」本是小篆、大篆的合稱，因為習慣上把籀文稱為大篆，故後人常用篆文專指小篆。小篆又稱秦篆，是由大篆省略改變而來的一種字體，產生於戰國後期的秦國，通行於秦代和西漢前期。

· 隸書

由於小篆書寫起來相當不方便，且字形繁複，故戰國末期至漢代時期，在民間出現了一種新字體，將小篆的端莊工整、圓轉彎曲的線條寫成帶方折的。這種字體據說當時在下層小官吏、工匠、奴隸中較為流行，所以稱為隸書。

**相關知識**

【漢隸】漢隸是漢代隸書的統稱。可劃分為古隸、漢隸和八分三種形態。古隸的存在時間很長，其特徵為縱向取勢，橫不平，豎不直。漢隸是西漢直至漢末的通用書體，其特徵為取橫勢，突出橫畫，橫平豎直。

【八分】是隸書中的藝術書體，其特徵是取左右分佈之勢，突出挑畫和捺畫。

　·草書

原意是寫得草率、快速的字體。起初是輔助隸書的一種簡便字體，主要用於起草文稿和通信。進入東漢後，經過文人、書法家的加工，草書就有了比較規整、嚴格的形體，可以用在一些官方場合，稱之為「章草」。在楷書產生後，草書在楷書的基礎上進一步發展，不但筆畫之間可以勾連，上下之間也可以連寫，隸書筆畫的某些特徵也消失了，形成了另一種類型的草書，稱之為「今草」。

　·楷書

也稱為正書、真書，是學習書法和日常運用的正規書體和最基本字體。楷書在字體結構方面近於隸書，而更為規整，又將隸書筆畫的寫法加以改變，且由扁形變為方形，形成所謂的「方塊字」。

　·行書

介於楷書和草書之間的一種字體，不像楷書那麼工整，也不像草書那麼奔放。行書大概在魏晉時代就開始在民間流行了，被稱為「書聖」的東晉大書法家王羲之，即有大量的行書作品。行書沒有嚴格的書寫規則，寫得規矩一點，接近楷書的，稱為真行或行楷；寫得放縱一點，草書味道比較濃厚的，稱為行草。

· 永字八法

中國書法用筆法則，簡稱八法。以「永」字八筆順序為例，闡述正楷筆勢的方法：點為側，橫為勒，直筆為努，鉤為趯（tì），仰橫為策，長撇為掠，短撇為啄，捺筆為磔。相傳為隋代智永所傳，後人又有將「八法」作為書法的代稱。

· 鍾繇（151-230）

字元常。曹魏時期官至太傅，擅長隸、楷、行各體，尤以楷書影響最大。宋代《宣和書譜》評價他的書法「各盡法度，為正書（即楷書）之祖」。

· 王羲之（303-361）

字逸少。官至右軍將軍、會稽內史，被後人尊為「書聖」，世稱王右軍。楷書、草書、行書、行楷均善。所作《蘭亭集序》被稱為「天下第一行書」。

· 楷書四體

初唐歐陽詢（歐體）、盛唐顏真卿（顏體）、中唐柳公權（柳體）以及元代趙孟頫（趙體）四人書法風格的合稱。

· 歐陽詢（557-641）

字信本。楷書法度嚴謹，筆力險峻，世稱「唐人楷書第一」。代表作有《九成宮醴泉銘》。

・顏真卿（709-785）

字清臣。唐代傑出書法家，偉大的愛國者。楷書寬博豐腴，氣勢開張，世稱「顏體」。代表作有《多寶塔碑》和《麻姑仙壇記》。

・柳公權（778-865）

字誠懸。官至太子太師，世稱「柳少師」。其書法結體遒勁，字形挺拔勁峭，內緊外鬆；筆力凌厲勁健，點畫頓挫規整，法度謹嚴，代表了唐代楷書發展的又一高峰，故有「柳體」之稱。代表作有《玄秘塔碑》和《神策軍碑》。

・趙孟頫（1254-1322）

字子昂，號松雪。楷書端正圓潤，飄逸娟秀，世稱「趙體」。代表作有《玄妙觀重修三門記》。

・張旭（675-750）

字伯高，一字季明。官至金吾長史，故世稱「張長史」。精楷法，而以草書最為知名。常於醉中以頭髮濡墨大書，如醉如痴，稱「張顛」。當時，其草書與李白詩、裴旻劍舞號稱「三絕」。

・懷素（624-697）

僧人，俗姓范。為玄奘弟子，東塔律宗的創始人。其草書筆法瘦勁，飛動自然，如驟雨旋風，隨手萬變。但在率意顛逸、千變萬化中法度自具。傳世書跡有《自敘帖》、《苦筍帖》、《食魚帖》、《聖母

帖》、《論書帖》、《大草千文》、《小草千文》諸帖。

‧北宋四大家

指蘇軾、黃庭堅、米芾、蔡襄（原指蔡京）合稱「北宋四大家」。他們汲取晉帖行書的氣韻，又加入了濃郁的書卷氣。

‧蘇軾（1037-1101）

字子瞻，號東坡居士。北宋著名文學家、書法大家。對書藝有自覺追求，形成了豐腴跌宕、天真爛漫的個人風格。自書《前赤壁賦》最能代表其豐腴扁平、側偃臥的特點。世人有說王羲之《蘭亭集序》、顏真卿《祭侄文稿》和蘇軾《黃州寒食詩帖》可分別推為天下第一、第二、第三行書。

‧黃庭堅（1045-1105）

字魯直，號山穀道人。北宋著名文學家、江西詩派領袖人物。「蘇黃」並稱於世。其行草書形成縱橫拗崛、昂藏郁拔的個性風格。所書劉禹錫《經伏波神祠》詩及自書《武昌松風閣》詩是其行書的代表作。

‧米芾（1051-1107）

字元章，號襄陽居士、海岳山人等。北宋書法家、畫家、書畫理論家。初學唐人書，後轉師「二王」，最終自成面貌。他自謂「刷字」，用筆喜「八面出鋒」，結體追求「飛動之勢」，縱變幻，絕少橫平豎直的筆畫，但整體上渾厚爽勁。代表作為《蜀素帖》、《多景樓

詩帖》。

　·蔡京（1047-1126）

　　字元常。北宋「六賊之首」。藝術天賦極高，素有才子之稱，時人稱讚其書法「冠絕一時」、「無人出其右者」。書風更多些「姿媚」、「飄逸」的晉人面貌。存世書跡有《草堂詩題記》、《節夫帖》、《宮使帖》。

　·蔡襄（1012-1067）

　　字君謨。北宋著名書法家。擅長正楷、行書和草書。其楷書端莊沉著，行書和淡婉美，頗有意趣。尤以督造小龍團茶和撰寫《茶錄》一書而聞名於世，《茶錄》本身就是一件書法傑作。

　·趙佶（1082-1135）

　　宋徽宗。創「瘦金體」，其特色為筆畫細瘦而不失腴潤，舒展飄逸，氣韻生動，而又挺拔有力，且有濃郁的書卷氣息。

　·董其昌（1555-1636）

　　字玄宰，號思白，又號香光。明代著名書畫家。其書法綜合了晉、唐、宋、元各家書風，自成一體，書風飄逸空靈，風華自足。筆畫圓勁秀逸，平淡古樸；用筆精到，章法疏朗勻稱，力追古法；用墨講究枯濕濃淡，盡得其妙。

· 《書譜》

唐代孫過庭所作並書，唐代前期的書學理論集大成著作。現有草書墨跡殘本存世，另有完整刻本，可補今墨跡本所缺的文字。

· 《續書譜》

南宋姜夔作《續書譜》，其主要內容有十一項，即真書、行書、草書、臨摹、書丹、用墨、結體、用筆、情性、血脈、風神。同時提出書法創作要具備風神的八個條件：一須人品高，二須師法古，三須紙筆佳，四須險勁，五須高明，六須潤澤，七須向背得宜，八須時出新意。

· 《書斷》

盛唐兼具書法理論與書法通史性質的重要著作。作者張懷瓘（guàn），撰於開元十五年（727）。《書斷》共上、中、下三卷。上卷包含自序、總目、分述及總論。中卷和下卷羅列古今書家，從黃帝時倉頡起，迄至唐代盧藏用止，三千二百多年間共八十六人，分神、妙、能三品，各列小傳，傳中附錄三十八人。卷末有通評一篇。

· 《書史》

原名《海岳書史》，簡稱《書史》，二卷，北宋書畫家米芾撰，是書法品鑑之作。記錄了米芾平生聞見的大量歷代書法名蹟，考訂真偽，敘述其流傳以及題跋、裝裱摹拓等情況，對研究中國書法史，鑑賞古代法書名蹟有重要參考價值。

# ▣ 繪畫

「中國畫」的名稱只有百年的歷史,最初由於西方繪畫的引入,油畫和版畫等西方繪畫品種勃興,為了與中國傳統繪畫相區別,提出了「中國畫」、「國畫」的名稱。關於中國畫的韻味,美學家宗白華先生認為:中國畫所表現的境界,是深沉靜默地與無限的宇宙自然「渾然融化、體合為一」的境界。

### ・卷軸畫

卷軸,原指裱好的有軸可卷舒的書籍或字畫等。因後世書籍都裝訂成冊,卷軸便專指有軸的字畫。卷軸畫,即是以毛筆等工具,用水墨、礦物質顏料在布帛或宣紙上作畫,然後裝裱成卷軸形式的畫。由於卷軸畫方便攜帶和觀賞,隋唐以來,逐漸成為中國畫的最主要形態。有長卷、條幅等多種形式。

### ・中國畫的形態

中國畫最早的主流形態為壁畫。現在仍保存的南北朝和隋唐壁畫,已達到很高的藝術水平。此外,陶繪、岩畫、漆畫也是中國民間畫常見的形態,是中國畫的重要組成部分。

### ・冊頁

冊頁,是由一張張對折的硬紙板組成的畫,可以左右或上下翻閱。冊頁從樣式上分,有摺疊式冊頁和活頁式冊頁兩類。從制式上分,有集成冊頁和空白冊頁兩類。冊頁的畫幅較小,直長者像小軸,

橫長者像小卷。

・扇面

扇面，指在摺扇或團扇的扇面上所作的畫，也指在扇形紙上所作的畫。明代「吳門四家」喜作扇面，後蔚成風氣。

・院體畫

院體畫簡稱「院畫」。院指宋代設立的翰林圖畫院，院體畫一般泛指歷代宮廷畫家的作品。院體多以花鳥、山水、宮廷生活及宗教內容為題材，多有程式化、命題化特徵，用筆設色，工整細緻、富麗堂皇，構圖嚴謹，有較強的裝飾性。特別重視法度，重再現、重具象、重外美，強調以形寫形，風格細膩華麗。

・文人畫

最早大力高揚文人畫的是明代董其昌，而唐代王維是文人畫的創始者。文人畫，即「士夫氣」的畫，標舉士氣、逸品，講求筆墨情趣，超越形似，強調神韻。題材多為梅、蘭、竹、菊、高山、漁隱之類，文人借描繪目之所及的自然景物寫心靈感受。

・六法

南朝齊謝赫在《古畫品錄》中提出來的繪畫創作與批評的六項要求，包括：氣韻生動、骨法用筆、應物象形、隨類賦彩、經營位置、傳移模寫。

· 《畫山水序》

單篇的山水畫論，南朝宋宗炳撰。受到魏晉玄學的影響，《畫山水序》首先闡述了聖人之道寄寓山水，通過山水，畫家與聖人之道相通的玄學理論，然後又提出了有關創作構思方法、繪畫原則、創作與欣賞等重要理論觀點。

· 宗炳（375-443）

字少文，家居江陵（今屬湖北）。信佛，曾參加僧慧遠主持的白蓮社，作有《明佛論》。漫遊山川，西涉荊巫，南登衡岳，後因老病回江陵。曾將遊歷所見景物，繪於居室之壁，自稱：「澄懷觀道，臥以游之。」撰寫了單篇的山水畫論《畫山水序》。

· 《歷代名畫記》

中國第一部繪畫通史著作，唐張彥遠大中元年（847）著。全書十卷，前三卷通論畫學，後七卷係三七三名畫家的小傳。此書不僅是中國第一部系統完整的繪畫通史，而且在繪畫理論的總結和闡論上也有重要的價值。

· 張彥遠（618-907）

字愛賓。學問淵博，擅長書畫。官至大理卿。家世鼎盛，富於收藏。他除撰有《歷代名畫記》外，還著有《書法要錄》。

· 《唐朝名畫錄》

中國唐代畫史著作，又名《唐畫斷》。唐朱景玄撰，是已知的中國最早的一部斷代畫史。全書共評價唐代畫家一百二十人，凡作者親見作品的畫家，按神、妙、能、逸四品排列。神、妙、能三品又分為上、中、下三等，「畫格不拘常法」的畫家則入逸品。作者未見畫跡的畫家，不複列品，附於逸品之後，以示矜慎。「國朝親王」三人，列於神品之前，以示尊崇。

· 朱景玄（841-846）

中晚唐人，曾任翰林學士，酷愛畫藝。在藝術認識上，朱景玄堅持繪畫的真實性、概括性與形象性，重視總結「師造化」的經驗，提倡形神統一，反對公式化，但對人物、禽獸的重視勝於山水屋木。

· 《圖畫見聞志》

繪畫史著作，郭若虛著。此書為張彥遠《歷代名畫記》的續作，記載了唐會昌元年（841）至北宋熙寧七年（1074）之間的繪畫發展史。全書六卷，反映了唐末至北宋中期繪畫的發展面貌，在中國繪畫史學上占有重要地位。

· 郭若虛

宋真宗郭皇后之侄孫，曾以賀正旦副使之職出使遼。家富收藏，酷愛書畫。在理論上最有影響的是「氣韻非師」說。他非常重視「氣韻」，認為畫必有氣韻「方號世珍」，而只有人品高的「軒冕才賢，

岩穴上士」創作出來的畫才能氣韻生動。

· 《畫繼》

繪畫史著作，鄧椿著。此書為郭若虛《圖畫見聞志》的續作，記述北宋神宗熙寧七年（1074）至南宋孝宗乾道三年（1167）共九十三年間的有關繪畫見聞。全書十卷，開創了綜合利用前人詩文、筆記等多方面資料編寫的先例。

· 鄧椿

字公壽。官至通判。出身世代顯宦的官僚家庭，家富書畫收藏，又多方接觸收藏家所藏名蹟，見聞頗廣。在理論上，鄧椿也非常贊同郭若虛的「深鄙眾工」和將氣韻生動獨歸於那些人品高的士大夫文人之觀點，揚文人畫而抑院體畫的傾向非常明顯。

· 《圖繪寶鑑》

繪畫史著作，元代夏文彥著。中國最早的一部繪畫通史簡編。全書兩編，上編（卷一）為對於前人有關論畫與鑑賞的編錄，下編（卷二至卷五）是從古史傳說時代到元代畫家的傳記。明清兩代迭經翻刻，影響甚大。

· 夏文彥

字士良，號蘭渚生。吳興（今浙江湖州）人。曾官餘姚州事，富收藏，善書畫，精鑑賞，元代至正二十五年（1365）著成《圖繪寶鑑》。

·《佩文齋書畫譜》

中國書畫的大型類書。王原祁、孫岳頒、宋駿業、吳暻、王銓等纂輯，康熙四十七年（1708）成書。共一百卷。內容始自五帝而迄於元明，為中國第一部集書畫著作之大成的工具書。

·六朝四畫家

指三國吳曹不興、東晉顧愷之、南朝宋陸探微、南朝梁張僧繇。

·曹不興

亦名弗興。善寫生，長於畫龍、虎、馬及人物。

·顧愷之

字長康，小字虎頭。工詩賦、書法，尤其長於繪畫，當時有「才絕」、「畫絕」、「痴絕」之稱。今傳《洛神賦圖》的宋人摹本，體現了他繪畫的特色。流傳有《論畫》、《魏晉勝流畫贊》、《畫雲台山記》等畫論著作，提出了「遷想妙得」、「以形寫神」等觀點，對中國繪畫的發展有深遠影響。

·陸探微

南朝宋明帝時宮廷畫家，與東晉顧愷之並稱「顧陸」。謝赫《古畫品錄》將他列入第一品。在中國繪畫史上，他是正式以書法入畫的創始人。

· 張僧繇（yóu）

梁武帝時期的名畫家。擅畫龍、鷹、花卉、山水等，亦長於人物故事畫及宗教畫。梁武帝好佛，凡裝飾佛寺，多命他畫壁。所繪佛像，有「張家樣」之稱，為雕塑者所楷模。「畫龍點睛」的故事即因他而來。

· 吳道子（685？-759？）

盛唐最傑出的畫家，被後世尊稱為「畫聖」，在宗教畫上成就突出。所畫人物、衣袖、飄帶，具有迎風起舞的動勢，故有「吳帶當風」之稱。後人亦以之稱美其高超畫技與飄逸的風格。今傳其代表作《送子天王圖》的宋人摹本。

· 李思訓

字建，一作「建景」，唐宗室。繪畫史上稱他為「大李將軍」。善畫山水、樓閣、佛道、花木、鳥獸，尤以金碧山水著稱。同時還結合神仙題材，創造出一種理想化的山水畫境界。

· 王維（701-761）

字摩詰。有高致，信佛，工詩，長於書畫，尤工平遠之景。以詩入畫，畫面簡約，表現出抒情意境。其潑墨山水的技法和對水墨皴染的追求，對後世山水畫的變革有極大影響。

### ·仕女畫

人物畫的一種。仕女，即官宦人家的女子。仕女畫，原專指描繪上層婦女形象，表現她們生活的繪畫。唐代張萱的《虢國夫人遊春圖》卷、周昉的《揮扇仕女圖》卷，為後世仕女畫的典型樣式。清代民間木版年畫中的美女畫，亦稱仕女畫。

### ·張萱

唐開元年間（713-741）任史館畫直。生卒年不詳。工畫人物，以擅繪貴族婦女、貴公子、嬰兒、鞍馬著名。其仕女畫線條工細勁健，色彩富麗勻淨。開周昉的先導，直接影響晚唐五代的畫風。

### ·五代四大家

指五代時期山水畫成就最高的四位畫家荊浩（850-？）、關仝（tóng，907？-960？）、董源（？-962？）、巨然（生卒年不詳），簡稱「荊關董巨」。四家中，荊、關形成北方派系，長於描寫雄偉壯美的全景式山水；董、巨形成南方派系，善於表現江南景緻，體現風雨的變化。

### ·徐熙

南唐花鳥畫家。生卒年不詳。其畫多寫汀花水鳥。在畫法上創「落墨」之法，即先以墨寫花卉的枝葉蕊萼，然後略傅彩色。

· 黃筌

五代時西蜀宮廷花鳥畫家。歷仕前蜀、後蜀，入宋，任太子左贊善大夫。生卒年不詳。作品多描繪宮中異卉珍禽，畫鳥羽毛豐滿，畫花穠麗工致。其法先行勾勒，後填色彩，工細穠麗，世稱「雙勾體」。

· 米家山水

指北宋米芾父子的山水畫。米氏父子工水墨山水，善於表現江南奇幻的雲山，人稱「米家山水」，又稱「米氏雲山」。他們創造了「米點皴」（又稱「落茄皴」）的創作技法。米家山水來源於寫生，「米點皴」是米氏父子對大自然的長期觀察體驗的產物。

· 四君子畫

文人畫中常見題材，宋以來大盛。宋代，花木中的梅、蘭、竹、菊被稱之為「四君子」。在文人心目中，梅、蘭、竹、菊都具有高潔堅貞的品格、飄逸清雅的姿質，因而被認為是君子品格的象徵。

· 《清明上河圖》

古代社會風俗畫的傑作。宋代張擇端所畫。此圖原為進獻給宋徽宗的貢品，其主題主要是描寫北宋都城東京市民的生活狀況和汴河上店鋪林立、市民熙來攘往的熱鬧場面，描繪了運載東南糧米財貨的漕船通過汴河橋涵緊張繁忙的景象。

・張擇端（1085-1145）

字正道，又字文友。北宋末年畫家。宋徽宗時供職翰林圖畫院，專事繪畫。其存世作品另有《金明池爭標圖》，亦為藝術珍品。

・社會風俗畫

原稱風俗畫。人物畫科中的一種，以社會生活風習為題材，是中國畫中接近民間風格的類型。始於漢代。南宋時在臨安（今浙江杭州）流行一種「堂畫」，亦稱風俗畫。民間年畫以風俗畫為主。

・元四家

元代中期最有成就的四位山水畫家黃公望、王蒙、倪瓚、吳鎮的合稱。「元四家」畫風都重筆墨，尚意趣，都喜以書法詩文相配。他們是元代山水與竹石畫的主流，對明清兩代，尤其是「南宗」一派影響很大。

・黃公望（1269-1354）

字子久，號一峰、大痴道人等。重觀察體悟，隨時寫生，喜以書法中的草籀筆法入畫，有水墨、淺絳兩種面貌，筆墨簡遠逸邁，風格蒼勁高曠，氣勢雄秀。代表性作品為《富春山居圖》。

・吳鎮（1280-1354）

字仲圭，號梅花道人。浙江嘉興人。善用濕墨，淋漓雄厚，其山水、梅花、竹石，自有一種深厚蒼鬱之氣。傳世作品有《嘉禾八景

圖》、《水村圖》等。

· 倪瓚（130l-1374）

字泰宇，後字元鎮，又字玄瑛，號云林。其畫筆墨奇峭簡拔，畫面靜謐恬淡，格調天真幽淡，境界曠遠。代表作有《漁莊秋霽圖》、《怪石叢篁圖》、《汀樹遙岑圖》、《江上秋色圖》、《虞山林壑圖》等。

· 王蒙（1308-1385）

字叔明，號黃鶴山樵、香光居士。作畫佈局多重山復水，寫景稠密，喜用焦墨渴筆，點細碎苔點。善畫江南林木豐茂的景色，濕潤華滋，意境幽遠。代表作品有《青卞隱居圖》、《夏日山居圖》、《春山讀書圖》等。

· 吳門四家

又稱「明四家」，指明代中期在蘇州從事繪畫活動的沈周、文徵明、唐寅、仇英四位名家。沈周、文徵明擅長畫山水；唐寅山水、人物都很擅長；仇英以人工筆人物、青綠山水見稱。「吳門四家」只是明代四位成就很高、風格不同的大家，並非一個畫派之稱。

· 沈周（1427-1509）

字啟南，號石田。作品多描寫南方山水及園林景物，表現了文人生活的悠閒意趣。因其發展了文人水墨寫意山水與花鳥畫的表現技法，成為吳門畫派的領袖。代表作有《仿董巨山水圖》、《滄州趣圖》、《煙江疊嶂圖》、《廬山高圖》等。

‧文徵明（1470-1559）

字徵仲，號衡山居士。少時即享才名，與祝允明、唐寅、徐禎卿並稱「吳中四才子」。畫風呈粗、細兩種面貌。粗筆代表作有《古木寒泉圖》等，細筆代表作有《江南春圖》、《真賞齋圖》等。

‧唐寅（1470-1523）

字伯虎，一字子畏，號六如居士。其山水畫風格秀逸清俊，人物畫多為仕女及歷史故事，亦工寫意人物，筆簡意賅。花鳥畫則長於水墨寫意，灑脫隨意，格調秀逸。代表作品有《落霞孤鶩圖》、《李端端落籍圖》、《秋風紈扇圖》等。

‧仇英（1498-1552）

字實父，號十洲仙史。擅長畫人物、山水、花鳥、樓閣界畫，尤長於臨摹。作品以工筆人物畫《秋原獵騎圖》、《松溪高士圖》、《蕉下彈琴圖》為代表。

‧陳淳（1483-1544）

字道復，號白陽。師從文徵明，是繼沈周、唐寅之後對水墨寫意花鳥畫的發展作出了重要貢獻的畫家。存世作品有《紅梨詩畫圖》、《山茶水仙圖》、《葵石圖》等。

‧徐渭（1521-1593）

字文長，號天池山人、青藤老人。明代中期花鳥畫大家。其水墨

花卉，用筆放縱，古拙淡雅，別有風致，一時有「青藤畫派」之號。傳世名作有《墨葡萄圖》、《牡丹蕉石圖》等。

· 清初四僧

明末清初繪畫成就最高、個性最突出的畫派，以其獨特怪異的造型結構、傲岸不馴的意蘊、富於個性的筆墨，衝破了當時畫壇摹古的樊籬，影響深遠。主要成員石濤、八大山人、髡殘和漸江皆為僧人。

· 石濤（1641-1719）

俗名朱苦極，出家為僧後，法名原濟。有苦瓜和尚、大滌子等別號。石濤喜奇僻險怪的山水景象，尤善用「截取法」以特寫之景傳達深邃之境，寄寓深蘊的情思。其畫風有明確的理論基礎。代表作有《搜盡奇峰圖》、《山水清音圖》等。

· 八大山人（1626-1705）

俗名朱耷，明江寧獻王朱權九世孫。明亡後，落髮為僧，法名傳綮，字刃庵。又用過雪個、個山等號。晚年以「八大山人」之名署於畫端，寓「哭之笑之」、「哭笑不得」等意。擅花鳥、山水，作品富有像徵寓意，手法誇張，用筆簡練。代表作有《雜畫冊·魚圖》、《楊柳八哥圖》、《山水冊》等。

· 髡殘（1612-1692）

俗姓劉，幼年喪母，遂出家為僧。法名髡殘，字石溪，一字介丘。其山水畫章法穩妥，繁複嚴密，於平凡中見幽深；筆法渾厚，凝

重、蒼勁、荒率；善用雄健的禿筆和渴墨。存世代表作有《報恩寺圖》、《層岩疊壑圖》和《雨洗山根圖》等。

・漸江（1610-1663）

俗名江韜，字大奇，為僧後名弘仁，自號漸江學人。與梅清、石濤交好，屬「黃山派」成員，又與查士標、孫逸、汪之瑞並稱「新安四大家」（亦稱「海陽四家」），是新安畫派的領袖。作品具有「筆如鋼條、墨如煙海」的氣概和「境界寬闊、筆墨凝重」的獨特風格。代表作有《黃山真景冊》五十幅等。

・清六家

清初山水畫家王時敏、王鑑、王翬（huī）、王原祁、吳歷、惲壽平的合稱，亦稱「四王、吳、惲」。他們多信奉董其昌的藝術主張，崇拜元四家，致力於摹古或在摹古中求變化。他們看重筆墨，體現士氣與書卷氣。

・王時敏（1592-1680）

少時學董其昌，並臨摹家藏宋元名蹟，以黃公望為宗。其畫筆墨蒼潤雅秀，從其學畫者頗多。「婁東派」山水為其所創。

・王鑑（1598-1677）

長於青綠設色，擅長烘染，風格華潤。

．王翬（1632-1717）

曾下苦功臨摹古人名蹟，其畫以元人筆法而運用唐人氣韻為主，具有古樸清麗的特色。

．王原祁（1642-1715）

山水學黃公望淺絳一路畫法，其畫作有「熟而不甜，生而不澀，淡而彌厚，實而彌清」之勝。

．吳歷（1632-1718）

與王翬都師從王時敏，又宗元四家。作品丘壑多姿，筆墨蒼渾，醇厚深秀。

．惲壽平（1633-1690）

先畫山水，後舍而學花竹、禽蟲，用筆直接點蘸顏色敷染成畫。其畫風清新雅麗，於絢爛中求平淡，有文人畫的情韻，獨開生面，海內宗之，有「常州派」之稱。為清代花卉大家。

．揚州畫派

指清代中期以「揚州八大家」（常有「揚州八怪」之稱）為代表的畫派。八大家為金農、黃慎、鄭燮、李鱓、李方膺、高翔、高鳳翰、羅聘。他們在藝術上風貌不同，成就有別，但都性格狂放不羈，厭棄官場，精神上接近平民階層。他們基本上都兼工詩書，繪畫都注重抒發性靈，技法上標新立異。

‧金農（1687-1764）

「揚州八怪」之一。五十歲始學畫，涉筆即古，脫盡畫家之習。畫馬自謂得曹、韓法，其山水、花果，以意為之，佈置幽奇，點染閒冷，非塵世間所睹。

‧黃慎（1687-1768）

「揚州八怪」之一。工草書，其畫運以草書筆法。畫人物，多取神仙故事為題材，用筆粗獷，氣象雄偉。花鳥畫筆法洗練，形象概括，畫風潑辣；山水境界開闊，注重詩意的表達。

‧鄭燮（1693-1765）

「揚州八怪」之一。工詩書畫，世稱「三絕」，尤長於蘭、竹、石、松、菊等，偶亦寫梅。剪裁構圖崇尚簡潔，筆情縱逸，隨意揮灑，蒼勁豪邁。其題材以「四君子」為主，往往通過題跋寓社會意義於畫中，時出新意。

‧李鱓（1686-1762）

「揚州八怪」之一。喜於畫上作長文題跋，字跡參差錯落，使畫面十分豐富。擅花卉、竹石、松柏，其寫意荷花尤為知名，表現桀驚、郁勃之情，而在筆墨上又趨於圓潤。

‧李方膺（1695-1755）

「揚州八怪」之一。工詩文書畫，其畫注重師法傳統和造化，能

自成一格。其筆法蒼勁老厚，善畫松、竹、蘭、菊、梅、雜花及蟲魚。尤精畫梅，而以瘦硬見稱。

· 高翔（1688-1753）

「揚州八怪」之一。山水畫取法弘仁和石濤，所畫的園林小景，大多是從寫生中來。金農、汪士慎詩集上的小像，就是高翔的手筆，線描簡練，神態逼真。晚年時常以左手作畫。

· 高鳳翰（1683-1748）

「揚州八怪」之一。工書、畫，草書圓勁。善山水，縱逸不拘於法，純以氣勝，兼北宋之雄渾、元人之靜逸。花卉亦奇逸得天趣。晚病痺，用左手揮灑，筆愈蒼辣。

· 羅聘（1733-1799）

「揚州八怪」之一。其畫能兼擅眾長，自闢蹊徑。羅聘及其妻兒均善畫梅，有「梅家畫派」之名。其存世名作《鬼趣圖卷》堪稱古代傑出的漫畫。

· 嶺南畫派

五嶺之南，明清以來畫家不下千人。明代有林良、高儼；清中期有黎簡、李魁；清中後期嶺南有齊名的「二蘇」；清末嶺南名家有居巢與居廉兄弟。現代的番禺高劍父、高奇峰、陳樹人等三人更有「嶺南畫派三傑」之稱。今人黎雄木、關山月等皆是嶺南畫派的重要畫家。

## 知識點鏈接

【林良】廣東南海人。明代前期人。擅長水墨寫意花鳥畫，宗南宋院體中的放縱簡括一路，筆法勁健豪爽，沉著穩健。用筆迅疾，有動勢，開嶺南一代畫風。

【高儼】廣東新會人。精於山水、花卉。晚年能在月光下作畫。代表作有清初畫的《秋寺晚種圖》立軸，筆鋒蒼勁，功力深厚。《秋林觀瀑圖》被畫界譽為「筆墨甲於嶺南」。

【黎簡】號二樵，廣東順德人。個性狂狷介僻。詩、書、畫、篆刻都卓然成家。工山水，蒼潤似吳鎮，淡遠近倪瓚。

【李魁】廣東新會人。常作壁畫於鄉間祠廟，故被文人貶稱為「泥瓦畫匠」，但技藝精湛。

【蘇六朋】廣東順德人。擅長人物畫，多寫市井風俗，百姓平凡生活，以及市民喜愛的傳說故事。又善「指畫」，作大幅人物畫時常以「指筆兼用」。

【蘇長春】字仁山。廣東順德人。工山水、人物，兼寫花卉。用筆構圖，自成一家，古樸高逸，有金石味。尤以人物畫見長，多畫歷史上的愛國者、歸隱者以及仙家道人，人物線條簡練。

【居巢】字梅生，號梅巢，居番禺。所作花鳥注重寫生，作品多寫蔬果野花，輕描淡寫，澹逸清華。

【居廉】字士剛，號古泉。所畫仕女、翎毛、草蟲、花卉，設色妍麗，筆致嚴整，莫不精工，繪有百花百果長卷，皆巨作。

# 第十二編

# 音樂與戲曲

中國民族音樂有很強的民族特徵，有鮮明的中國文化內涵，在樂器、表現方法等方面都與西方音樂很不相同。而中國戲劇更有「戲曲」的專名，音樂唱腔是中國戲曲的核心要素。音樂和戲曲這兩種藝術形式，都是既有文化菁英參與，又深刻地影響著廣大社會大眾的形式。

# 一 傳統民族樂器

中國古代樂器種類繁多，如今仍然在民族音樂中使用的都有數百種之多。大體說來，這些樂器可粗分為撥絃樂器、拉絃樂器、吹奏樂器、打擊樂器四大類。下面擇要介紹二十餘種。

· 古琴

即七絃琴，為中國最古老的彈撥樂器之一，至少周代已有，一說在三千多年前就已盛行。琴面裝有七根弦，由粗而細，自外向內按五聲音階排列。琴面還嵌有十三個琴徽，以標識弦上音位而用。演奏時右手撥弦，左手按弦取音。有散、泛、按三種音色變化。散聲以空弦發音，其聲剛勁渾厚。泛音是以左手輕觸徽位，發出輕盈虛飄的樂音。按聲是左手按弦發音，移動按指可以改變音高並能奏出滑音、顫音或其他裝飾音。此外還能演奏同度、八度、五度等音程。二〇〇三年十一月七日，中國的古琴藝術被列入聯合國教科文組織「人類口述和非物質文化遺產代表作」名單。

## 知識鏈接

【琴心】《史記・司馬相如列傳》:「是時卓王孫有女文君新寡,好音,故相如繆與令相重,而以琴心挑之。」琴心,即以琴聲傳達愛情之意。

【琴瑟】瑟,形似古琴,多為二十五弦。春秋時已流行,常與古琴合奏。故人們往往以「琴瑟之好」指稱夫婦間感情和諧。來源於《詩經・關雎》:「窈窕淑女,琴瑟友之。」

【胡琴】唐宋詩詞中常能見到胡琴一名。當時凡是來自北方和西方各族的撥絃樂器,統稱胡琴。唐段成式《樂府雜錄》中稱二弦琵琶為胡琴。而作為拉絃樂器的胡琴,最早記載見於宋沈括《夢溪筆談》。元代用於宴樂。今有京胡、二胡、板胡等,通常胡琴指京胡。

· 古琵琶

撥絃樂器。本作「批把」。「批」、「把」是古代兩種不同演奏手法的稱謂,右手向前彈稱為「批」,右手向後彈稱為「把」。秦漢時期,對使用批、把演奏手法的樂器概稱之為「琵琶」。有傳說琵琶起源於西亞的美索不達米亞,東漢末年傳入我國。以後經過漫長的發展,逐步定形為一種半梨音箱,曲項四弦,置胸前演奏的琵琶。琵琶是中國彈撥樂器中最富有表現力的樂器,既能表現氣勢磅礴的古戰場氣勢,也能表現花前月下纏綿的思念之情。

· 古箏

春秋戰國時代流行於秦地，故史稱秦箏。漢晉以前十二弦，唐宋以後增為十三弦。明清以來逐漸增至十五弦或十六弦。按五聲音階定弦。傳統演奏技法：用右手大、食、中三指彈奏。用左手食指、中指或無名指、中指按弦，以取得「按、顫、揉、推」等變化音。早期的古箏高亢粗獷，有「秦箏慷慨」之說。東漢以後逐漸發展為淡雅古樸的風格。

**知識鏈接**

【築】古代擊絃樂器，形似箏，頸細肩圓，有十三根弦，弦下設柱。可能較為適合表現淒涼悲壯之音，戰國時燕太子丹送別荊軻時，高漸離擊築，為變徵之聲。

· 箜篌

古代彈撥樂器，最初稱坎侯或空侯，其歷史據考證已有兩千多年。盛行於漢唐時代，有臥箜篌、豎箜篌、鳳首箜篌三種形制。明代以後漸少使用。現改革的箜篌有三十七根弦，擅長演奏揉、滑、壓、顫音效果，表現力極為豐富。箜篌之音，在浪漫唯美中透著一份悲劇性情調，特別適宜表現追憶往昔的夢幻意境。

· 阮

漢武帝時參考箏、築、箜篌等樂器而創製的彈撥樂器。圓形音箱，直桿，四根弦，有十二柱位，每個柱位橫貫於高低不同的四根弦

之間，為四弦所共用。初始名為琵琶，後人稱為秦琵琶或月琴，到唐代已有十三個柱位。相傳西晉阮咸善彈此樂器，唐武則天時，遂將此樂器改稱阮咸。近代又簡稱為阮。後世的阮，有四根弦的，也有三根的。柱位也比漢代有所增多。

· 壎

古代吹奏樂器，形似梨，用陶土燒製而成。最早出現於約七千年前，大部分是二音孔和三音孔，至殷商時期的五音孔陶壎已能吹奏七聲音階和部分半音，發音古樸醇厚而悲壯。

**知識鏈接**

【壎篪】篪（chí），古書上說的一種竹，古代又指一種用竹管製成像笛子一樣的樂器，有八孔。壎和篪合奏時，聲音互相應和。故常以壎篪比喻兄弟親密和睦，或借指兄弟。源出《詩經·大雅·板》。

· 篳篥

亦寫做觱（bì）篥（lì），又稱蘆管、笳管。為木製吹管類樂器，已有兩千年左右的歷史。起源於西域，後傳入中原。南北朝時有大小篳篥、桃皮篳篥及雙篳篥等多種形式。隋唐至宋元時盛行全國，宋代教坊十三部中有篳篥部。唐代詩人有很多詩篇寫到這一樂器。

· 笛

又稱橫笛，竹製。上開有吹孔和膜孔各一，按指孔六個，音色清

脆，音域較寬，能吹兩組多一點的音。笛是我國最常見的吹管樂器之一，早在春秋末期已出現。北方地區流行的笛較短，常用於梆子腔一類戲曲的伴奏，又稱為「梆笛」，音域一般為兩個八度左右（d2-f4）；南方地區流行的笛略長，常為崑曲伴奏，俗稱「曲笛」，音域為a-d3。笛子發出的音古人常以鳳鳴為喻，如《太平御覽》所引舊籍記載「黃帝使伶倫伐竹於昆溪，斬而作笛，吹作鳳鳴」；《列仙傳》亦有「蕭史日教弄玉吹簫作鳳鳴」的說法。

・簫、排簫

簫為單管豎吹，漢代開始盛行。古代簫多為竹製，但也有玉製或瓷製的。上端利用竹節封口，在封口處開半橢圓形吹孔，音量較小，音色委婉清雅。簫在魏晉南北朝時，已適用於獨奏和合奏。其低音區善於表達深沉的旋律；中音區善於表達優美的抒情性。排簫又稱為鳳簫。把一組竹管排列一起，用繩子、竹篾片編起來或用木框鑲起來。排簫有無底、封底兩種，前者稱為洞簫，後者稱為底簫。

・笙

笙和排簫有點相似，最初既沒有簧片，也沒有笙斗，只是用繩子或木框把一些發音不同的竹管編排在一起。後來人們逐漸給笙增加了竹質簧片和匏質笙斗，和排簫區別開來。笙的音色明亮甜美，高音清脆透明，中音柔和豐滿，低音渾厚低沉，音量較大。在中國傳統吹管樂器中，笙也是唯一能夠吹出和聲的樂器。在和其他樂器合奏的時候，能起到調和樂隊音色、豐富樂隊音響的作用。

．蘆笙

為西南地區苗、瑤、侗等民族的簧管樂器。早在西漢初已出現。蘆笙大小不一，管的數目也不盡相同，單管、雙管以至五管、六管、八管、十管都有，但較常用的是六管蘆笙。六管蘆笙是用六根長短不一的竹管，分成兩排插入木製的笙斗中；每管的根部各裝一個銅質簧片；管的下端各開一個小孔，吹奏時手指按孔發音。蘆笙多用於獨奏、合奏和舞蹈伴奏。

．鐘

古代樂器。青銅製，懸掛在架上，用槌擊而鳴。鐘的歷史很久遠，河南陝縣廟底溝文化遺址就發掘有陶鐘。但鐘最盛行之時為青銅時代，在當時，鐘不僅是樂器，而且還是地位和權力象徵的禮器。王公貴族在朝聘、祭祀等各種儀典、宴饗與日常宴樂中，廣泛使用著鐘樂。西周中期開始有用十幾個大小不等的鐘組成的編鐘。也有單一的，稱為特鐘。有的口緣平，有懸紐，又叫，盛行於東周，是從鐘發展而來的。

．編鐘

古代打擊樂器，也是象徵擁有者權位的禮器。編鐘出現在商代，興起於西周，盛於春秋戰國直至秦漢，自宋以來漸漸衰退。戰國早期「曾侯乙」編鐘出土於湖北隨州，儘管距今已有兩千多年，但音樂性能良好，能演奏古今各種樂曲，是我國目前出土數量最多、重量最重、音律最全、氣勢最宏偉的一套編鐘，堪稱「編鐘王」，被譽為

「世界奇觀中獨一無二的珍寶」。

## 知識鏈接

【簨虡】鐘架古稱（sǔn jù），橫樑為，也作笋、栒；承托橫樑的立柱為「虡」，也作「鐻」。

### ·磬

古代石製樂器，懸掛在架子上，以物擊之而鳴。甲骨文中，磬字左半像懸石，右半像手執槌敲擊。後世的磬在材質由原始的石製進一步有了玉製、銅製的磬。磬，最早用於先民的樂舞活動，後來用於歷代帝王、上層統治者的殿堂宴享、宗宙祭祀、朝聘禮儀活動中的樂隊演奏，成為象徵其身分地位的禮器。唐宋以後新樂興起，磬僅用於祭祀儀式的雅樂樂隊。按照使用場所和演奏方式，磬可以分為特磬和編磬兩種：特磬是皇帝祭祀天地和祖先時演奏的樂器；編磬是若干個磬編成一組，掛在木架上演奏，主要用於宮廷音樂。另外，佛寺中狀如雲板的鳴器也叫磬，用來敲擊集僧；佛寺中缽形的銅樂器亦稱磬。

### ·柷

柷（zhù）為古代打擊樂器，又叫椌（qiāng）。形似方匣子，木製，上寬下窄，用椎（木棒）撞其內壁發聲，奏樂開始時擊鳴，表示樂曲即將起始。用於歷代宮廷雅樂。傳世清代柷，通高約五十釐米、每邊長六十五釐米。

**知識鏈接**

【敔】音 yǔ，與同類的古樂器。又稱（jié）。木製，形如伏虎。奏樂將終，擊使演奏停止。

· 鼓

我國傳統的打擊樂器，傳說伊耆氏之時就已有土鼓。由於鼓有良好的共鳴作用，聲音激越雄壯，傳聲很遠，所以很早就被華夏祖先作為軍隊上助威之用。南北朝至隋唐，吸收和利用了不少外來的鼓，並在藝術實踐中加以發展。鼓在歌舞、戲曲等藝術活動中，是常見的伴奏樂器之一，有時起著指揮的作用。

· 鑼

我國各族常用的打擊樂器，以黃銅製成，可以分為大鑼、小鑼、雲鑼、十面鑼等。大鑼鑼邊鑽孔繫繩，左手提起或掛於架上，右手執槌擊奏，發音較低，但聲音洪亮、富有力度；小鑼鑼面呈坡形，鑼臍分大、中、小三種，鑼邊無孔，不繫鑼繩，以左手食指關節處提鑼內緣，右手執鑼板擊奏，發音較高，聲音清脆，有詼諧色彩；雲鑼由十面小鑼組成，用繩繫於木架上，左手執架柄，右手用鑼槌擊奏，可演奏旋律；十面鑼是由十幾面大小不等，音色、音高各不相同的鑼懸於木架上，由一人獨奏。鑼在我國歷史悠久，種類繁多，聲音洪亮，在民族樂隊，民間器樂合奏，各種戲曲、曲藝以及歌舞伴奏中，各種慶祝集會、賽龍舟、舞獅子、歡慶豐收和勞動競賽中，都很常見。

· 鐃鈸

鐃、鈸，兩種近似的銅製打擊樂器。在形制上，鐃中間隆起部分較小，其徑約當全徑的五分之一；鈸中間隆起部分圓而大，其徑約當全徑的二分之一。以兩片為一副，相擊發聲。在音質上，鐃發音較響亮，餘音較長；鈸發音較渾厚，餘音較短。鐃與鈸在民間常配合使用，用於民間吹打樂和戲曲伴奏。明清以來流行的十番鑼鼓曲，配器上就充分利用了鐃和鈸各自的特點，造成豐富的音響效果。

· 八音

我國古代對樂器的統稱。指金、石、土、革、絲、木、匏、竹八類。鐘、鈴等屬金類，磬等屬石類，壎等屬土類，鼓等屬革類，琴、瑟等屬絲類，柷、敔等屬木類，笙、竽等屬匏類，管、簫等屬竹類。

# ■ 古樂術語

中國傳統音樂是個獨特的領域，所用的概念術語是專門的，下面介紹其中最重要的幾個。

· 雅樂

古代帝王郊祭、朝賀大典所用音樂的泛稱，與俗樂相對而稱。周代雅樂是指「六舞」，即《雲門》、《咸池》、《大韶》、《大廈》、《大鑊》、《大武》，前四種屬文舞，後兩種屬武舞。以後歷代統治者奉此為樂舞的最高典範，認為它的音樂中正和平，歌詞典雅純正。各代均曾因前代雅樂散失而吸收民間音樂重新制定。元明以來，雅樂與俗樂

的區別雖還存在，但這兩個名稱不太使用了。

· 俗樂

古代各種民間音樂和外來音樂的泛稱，與雅樂相對。宮廷宴會時也用俗樂，稱為燕樂。俗樂與人們日常生活情感關係密切，與雅樂相比更易於感染人、打動人，因此俗樂流行於社會大眾層面，但許多統治者也喜愛俗樂。唐玄宗時設教坊管理俗樂，並在梨園教練俗樂樂工。另外，一般把散樂（百戲）包括在俗樂之內。

· 五音

亦稱「五聲」，即宮、商、角、徵（zhǐ）、羽五個音階。五音中各相鄰兩音間的音程，除角與徵、羽與宮（高八度的宮）之間為小三度外，其餘均為大二度。近似現代音樂簡譜中的 1、2、3、5、6。後來又加上二變，即變宮、變徵。變宮近似現代音樂簡譜中的「7」，變徵近似「#4」。我國傳統的音樂中沒有和「4」相當的音。五音加二變，合起來叫「七音」或「七聲」，這樣就形成了一個七聲音階：宮（1）、商（2）、角（3）、變徵（#4）、徵（5）、羽（6）、變宮（7）。古人的整體性思維方法，使他們對事物的認識總習慣於與其他事物聯繫、附會。五聲是音階的概念，但古人說到五聲的時候多與四季、五方、五行聯繫在一起。如歐陽脩《秋聲賦》就把秋季、商音和西方配合起來說。

## 知識鏈接

【五音不全】此處的五音是指音韻學上按照聲母的發音部位所分的唇音、舌音、牙音、齒音、喉音五類音。五音不全是指發音時不能正確地區分上述五種類型的聲母。

· 七音

「五音」即宮、商、角、徵、羽五個音階，在此基礎上再加變宮、變徵，就構成了七音，分別為宮、商、角、變徵、徵、羽、變宮，它們與現代音樂簡譜大約可對應為 1、2、3、#4、5、6、7。七音中，以其中任何一音作為樂曲主旋律中居於核心地位的主音，就構成了一個調式，不同的調式有不同的感官色彩和表達功能，因而也能產生不同的音樂效果。如變徵之聲即變徵調式，特點為蒼涼悲壯。

· 律管

古人用管、鐘、弦定音，所以有管律、鐘律、弦律之說。律管是用來定音的竹管（後世又用銅管），用十二個長度不同的律管吹出十二個高度不同的標準音，來確定樂音的高低。律管的長度是固定的，長管發音低，短管發音高。

· 六律、十二律

我國的古代律制。十二律，即古樂的十二個調。律，本來指用來定音的律管，由律管所定的十二個標準音即稱十二律。這是將一個八度分為十二個不完全相等的半音的一種律制。各律有固定的音高和特

定的名稱，大致相當於現代音樂中的十二個調。由低到高依次為：
（1）黃鐘，c；（2）大呂，#c；（3）太簇，d；（4）夾鐘，#d；（5）姑洗，e；（6）中呂，f；（7）蕤（ruí）賓，#f；（8）林鐘，g；（9）夷則，#g；（10）南呂，a；（11）無射（yì），a；（12）應鐘，b。十二律又分為陰陽兩類，奇數六律為陽律，稱六律，偶數六陰律，稱六呂，總稱六律六呂，或簡稱律呂。古書上說的六律，通常是指陰陽各六的十二律說的。

・樂調

在宮、商、角、徵、羽五個音級中，古人通常以宮作為音階的第一級音，五聲音階則為徵（5）、羽（6）、宮（1）、商（2）、角（3）。音階的第一級音不同，調式就不同。以宮為音階起點的是宮調式，意思是以宮作為樂曲旋律中最重要的居於核心地位的主音；以商為音階起點的是商調式，意思是以商作為樂曲旋律中重要的居於核心地位的主音；其餘由此類推。

・工尺譜

我國傳統的記譜法之一。約產生於隋唐時代，由一種管樂器的指法記號逐漸演變而成。常見的是用上、尺、工、凡、六、五、乙，依次記寫七聲。高八度各音加「亻」旁作標記，如「仩、伬、仜」等；低八度各音除六、五、乙分別改為合、四、一外，其餘均在末畫帶撇表示。節奏則用板眼記號「、」、「×」、「・」、「o」、「ㄥ」、「△」等表示。

## ■ 古典名曲

我國民族音樂的發展中，形成了一批音樂經典，其中有「中國十大古典名曲」之稱的是《高山流水》、《梅花三弄》、《夕陽簫鼓》、《漢宮秋月》、《陽春白雪》、《漁樵問答》、《胡笳十八拍》、《廣陵散》、《平沙落雁》、《十面埋伏》。

・《高山流水》

傳說先秦的琴師伯牙，一次在荒山野地彈琴，樵夫鍾子期竟能領會這是描繪「巍巍乎志在高山」和「洋洋乎志在流水」。伯牙驚曰：「善哉，子之心而與吾心同。」子期死後，伯牙痛失知音，摔琴絕弦，終身不操。伯牙創作的《高山流水》在唐代分成《高山》與《流水》兩曲，至宋代，《高山》由四段構成，《流水》分成八段。現存最早的《流水》琴譜載於明代《神氣秘譜》。後來《天聞閣琴譜》中收錄的由張孔山改編的《流水》最為流行。另外，一九七七年美國發射的宇宙飛船，發射到太空的二小時節目中只有七首音樂節目，《流水》即是其中之一。

・《梅花三弄》

相傳晉桓伊以笛吹奏《梅花三弄》之曲，南朝至唐一直為笛曲，曲名或為《梅花落》，表現的基本為怨愁離緒的情感。明清移植為琴曲《梅花三弄》，多表現梅花凌霜傲寒、高潔不屈的節操與氣質。曲中泛音曲調在不同徽位上重複了三次，故稱「三弄」。因梅花為中國文人生命情調的象徵，此曲以音樂形式表現了這一內涵。

．《夕陽簫鼓》

這是一首抒情寫意的文曲，旋律優美流暢。流行於明清，最早為琵琶大套文曲，原名《潯陽琵琶》，是對白居易《琵琶行》意境的音樂轉述。又有人將其改編為《夕陽簫鼓》。一九二五年前後，上海大同樂社根據此曲改編成絲竹合奏樂曲《春江花月夜》，吸納了張若虛同名作品的意境。全曲音響富有高、低、濃、淡、厚、薄的變化，層次分明，格調優雅，情韻悠揚，既舒展自如，又充滿內在的激情和無邊的遐想。

．《漢宮秋月》

最初為琵琶曲，又名《陳隋》。以歌舞形象寫後宮寂寥，表現宮女幽怨悲泣的情緒，喚起人們對她們不幸遭遇的同情。現流傳的演奏形式有二胡曲、琵琶曲、古箏曲、江南絲竹等。其中二胡《漢宮秋月》，由崇明派同名琵琶曲第一段移植到廣東小曲，粵胡演奏，又名為《三潭印月》。一九二九年左右，劉天華記录了唱片粵胡曲《漢宮秋月》譜，改由二胡演奏。江南絲竹《漢宮秋月》採用的原為乙字調，由孫裕德傳譜。幾種改編形式都較好地體現了這一題材的深刻內涵。

．《陽春白雪》

相傳這是春秋時期晉國的師曠所作。原為琴曲，唐代顯慶二年（657），呂才以此曲配上了歌調。古時每以「陽春白雪」連稱，故常被認為一曲，後世琴譜則均分為兩曲。「陽春」取萬物知春、和風澹

蕩之意;「白雪」取凜然清潔、雪竹琳瑯之音。樂曲以清麗明快的旋律描繪了萬物復甦、生機勃勃的初春景色。

　·《漁樵問答》

　　古琴名曲,已流傳數百年,表現隱逸之士對漁樵生活的嚮往,希望擺脫俗塵凡事的羈絆。音樂形象生動、精確。樂曲開始,曲調悠然自得,表現出一種飄逸灑脫的格調,上下句的呼應造成漁樵對答的情趣。主題音調的變化發展,並不斷加入新的音調,加之滾拂技法的使用,至第七段形成高潮。刻畫出隱士豪放無羈、瀟灑自得的情狀。

　·《胡笳十八拍》

　　原為一首長篇詩歌,蔡文姬作。東漢末大亂,連年烽火,蔡文姬在逃難中被匈奴所擄,流落塞外,後來與左賢王結成夫妻,生了兩個兒女。她在塞外度過了十二個春秋,但無時無刻不在思念故鄉。曹操平定了中原,與匈奴修好,用重金贖回文姬。文姬寫下了著名長詩《胡笳十八拍》,敘述了自己一生不幸的遭遇。唐以前就有了為蔡文姬詩配樂的《胡笳十八拍》琴歌,由十八首歌曲組合的聲樂套曲,由琴伴唱,表現了文姬思鄉、離子的悽楚和幽怨。現代改編本以琴曲、管子獨奏較有名。

　·《廣陵散》

　　它的題材源於《聶政刺韓王》故事,講一個造劍工匠被韓王無辜殺害,其子聶遠以泥瓦匠身分行刺韓王失敗,逃入深山刻苦學琴十年,練成絕技,再次入宮利用彈琴之機刺死韓王,以了心願,但他也

因此而被殺。後人根據這個故事，譜成琴曲。此曲慷慨激昂、氣勢宏偉，為古琴著名大曲之一。

‧《平沙落雁》

古琴曲，明朝此曲名為《落雁平沙》。曲調悠揚流暢，通過時隱時現的雁鳴，描寫雁群降落前在空際盤旋顧盼的情景。近三百年來有近百種琴譜刊載此曲，除了曲調流暢、動聽之外，還因為它的表現手法新穎、別緻，容易為聽眾理解。

‧《十面埋伏》

琵琶大曲。明代後期已在民間流傳。樂曲描寫西元前二○二年楚漢戰爭在垓下最後決戰之情景，運用了琵琶特有的表現技巧，表現古代戰爭中千軍萬馬衝鋒陷陣之勢，十分生動。此曲是傳統琵琶曲的代表作品之一。

## 四 戲曲及其歷史

為了與西洋戲劇相區別，中國古代戲劇一般稱之為戲曲。下面將戲曲及其發展歷史的有關知識介紹如下。

‧科介

又稱科范，指演員的形體動作與表情表演。科介，即為模擬生活的虛擬表演。比如南戲《琵琶記》中，趙五娘去義倉請糧，久久未歸。蔡公在家凝望，與她見面時，「外跌介。旦扶。外虛打旦介」。

其中的跌倒和責打兩個動作，在表演時都似虛似實。

· 戲曲角色

中國古代戲曲的角色，不同戲曲類型有一定的差異，但主要的角色名還比較相近。女角為旦，男角在雜劇中稱為末，在南戲中則出現了眾多不同的男角，男主角叫生，還有正末、副末，此外，還有淨、外、丑等角色，形成了生、旦、淨、末、醜的角色系統。這一直延續到近代。

· 中國戲曲四大聲腔

在明代初期即有戲曲「四大聲腔」之說，指崑山腔、弋陽腔、海鹽腔、餘姚腔。後來地方戲興起，中國戲曲四大聲腔之說也有了變化，如今比較通行的說法是指梆子腔、皮黃腔、崑腔和高腔。梆子腔以秦腔、豫劇、晉劇、河北梆子、滇劇的絲絃腔、川劇的彈戲等為代表。皮黃腔系主要有徽劇、漢劇、京劇、粵劇、湘劇、川劇、滇劇等。崑腔又名崑山腔、崑曲。崑曲又稱崑劇，二〇〇一年被聯合國教科文組織列為人類口述遺產和非物質遺產代表作。高腔系主要有川劇、湘劇、贛劇、滇劇、辰河戲、調腔等。

· 百戲

漢代出現的「百戲」（又稱散樂），實際上是漢代民間歌舞、雜技、武術、魔術的總稱。漢武帝時，設置樂府，收集巷陌歌謠，推動樂舞的發展。絲綢之路的開關，又促進了中原與西域的文化交流和各民族的藝術匯合。於是，百戲演出盛況空前，連宮廷也開始主持大規

模的百戲集演活動。

· 角抵戲

角抵原是兩個人角力以強弱定勝負的技藝表演，後世的相撲、摔跤即源於此。它有著很好的觀賞性和娛樂性。但在角抵表演中，也逐漸出現向戲劇轉化的傾向，成為角抵戲。角抵戲《東海黃公》演的是秦朝末年，一個能施法術的黃公到東海去降服白虎，可惜法術失靈，自己被虎所殺的故事。人物、情節、衝突、結局，都是預先排定了的，有明顯的戲劇表演性質。有的戲劇史家視《東海黃公》為中國戲曲的雛形。

· 參軍戲

唐宋時流行的一種戲曲表演藝術。內容以滑稽調笑為主。一般是兩個角色，參軍為被戲弄的對象，戲弄者叫蒼鶻。至晚唐，參軍戲發展為多人演出，戲劇情節也比較複雜。參軍戲對宋金雜劇的形成有著直接影響。參軍戲的對話法，也對後世相聲藝術的形成具有一定的影響。

· 歌舞戲

約始於南北朝末期。其名稱始見於唐杜佑《通典》，屬於「散樂」。劇目和內容的記載，見於唐代數種著作。最重要的有《大面》、《踏搖娘》、《撥頭》三種，但均無劇詞和曲譜傳世。

· 說唱藝術

廣泛流行於民間的一種文學表現形式，可單口說唱，可多口說唱；可樂器伴奏，可無伴奏。中國的說唱藝術淵源已久。唐代寺院用邊唱邊講的方式講說佛經故事和世俗故事，稱為「俗講」或「轉變」。至北宋中葉，又出現了諸宮調的形式，用以說唱長篇故事。金代，董解元的說唱諸宮調《西廂記》為說唱藝術的珍品。說唱藝術，對戲曲的正式確立有重要影響。

‧宋雜劇

宋代的雜劇是由滑稽表演、歌舞和雜戲組合而成的一種綜合性戲曲。北宋時盛行於東京，南宋時臨安也很流行。演出時一般由四個角色組成。北宋的雜劇分為「豔段」和「正雜劇」兩個部分。「豔段」是在正劇上演前表演的一段日常生活中的熟事。「正雜劇」表演一個完整的故事，是雜劇的主體。南宋雜劇在「正雜劇」之後又增加「雜扮」。「雜扮」是由民間的滑稽戲演變而來的，作為雜劇之後的散段。後來，北方的雜劇逐漸發展為元雜劇，南方的雜劇逐漸發展為宋元南戲。

‧金院本

金代戲劇的代表樣式，每場四五人，有末泥、副末、裝孤、副淨、引戲等，後來增出裝旦，形成比較完整的角色行當。院本的表演手段在說白與科范外，已有曲的因素。金院本為戲曲藝術的發展奠定了基礎。金亡後，院本在舞台上漸次消失了，但它的藝術經驗融化到新的北曲雜劇中。

．元雜劇

形成於北方，又稱北雜劇。它與宋雜劇、金院本有著直接繼承關係。北雜劇的興盛和繁榮，標誌著中國戲曲開始進入黃金時代。元雜劇最負盛名的劇作家首推關漢卿，其代表劇作有《竇娥冤》、《救風塵》、《望江亭》等。他與白樸、馬致遠、鄭光祖號稱「元曲四大家」。元雜劇的重要作品還有王實甫的《西廂記》、馬致遠的《漢宮秋》、白樸的《梧桐雨》、鄭光祖的《倩女離魂》等。

．南戲

產生於浙江的溫州以及福建的泉州、福州一帶，盛行於南宋的戲劇形式。當時或稱戲文，或稱永嘉雜劇，後又稱為南曲戲文。南戲是聯曲體的音樂結構，它所使用的曲調原全為南曲，後吸收了一些北曲曲調，出現了南北合套的形式，但仍以南曲為主。南宋末期出現的《張協狀元》為現存最早的南戲劇本。元末明初由高則誠加工而成的《琵琶記》代表著南戲的最高水平。此外，合稱為「荊」、「劉」、「殺」、「拜」的《荊釵記》、《白兔記》、《拜月亭》和《殺狗記》號稱「四大南戲」。南戲為明清傳奇的興盛和四大聲腔的形成奠定了基礎。

．花部亂彈

乾隆年間（1736-1795），除崑腔以外的地方戲被稱為「花部」或「亂彈」，包含梆子、皮黃、絃索等新興劇種。「花」與雅相對。當時奉崑曲為正聲，為雅。所謂花，就是雜的意思，指地方戲的聲腔雜而

不純，多為野調俗曲。花部亂彈在組織戲劇衝突和塑造舞台形象方面，都有相當的優勢。花部戲的興盛顯示：以劇本文學為中心的戲曲創作正朝著以舞台藝術為中心的方向轉移。清地方戲作品主要靠梨園抄本流傳或藝人口傳心授，保存至今能看到早期面貌的劇本，只有乾隆年間（1736-1795）刊刻的戲曲選本《綴白裘》。

## 五 戲曲劇種

　　戲曲是還活著的中國戲劇形式，如今還有多種地方劇種仍然活躍在舞台上。據不完全統計，我國各民族地區的戲曲劇種，約有三百六十多種，傳統劇目數以萬計。雖然由於受到現代新媒體的衝擊，它們都不再有過去的繁盛景象，如今，仍然有舞台表演的劇種數量已遠不及上列數字。但作為一種植根於民族文化深層的綜合表演藝術，戲曲仍然受到部分人士的喜愛。

　　要說明的是：各種地方戲，能作為一個劇種存在而與其他劇種相區別的首要因素，是它來自不同聲腔系統的音樂唱腔。

　　・崑劇

　　號稱「百戲之祖」。南戲發展至明初，在江蘇崑山一帶形成崑山腔。明嘉靖間（1522-1566），魏良輔總結北曲演唱的藝術成就，吸取海鹽、弋陽等腔的長處，對崑腔加以改革，總結出一系列唱曲理論，建立了委婉細膩、流利悠遠，號稱「水磨調」的崑腔歌唱體系。之後，梁辰魚作進一步的研究和改革。他編寫的崑腔傳奇《浣紗記》成功上演，擴大了崑腔的影響。在傳入北京後，又成為全國性劇種，稱

為「官腔」。崑曲唱腔輕柔婉轉、優美動聽，角色表演藝術精美絕倫，融唱、做、念、打為一體，運用手、眼、身、法、步等表演技巧塑造舞台形象，載歌載舞，雅緻精湛。此外，崑曲在近代還影響、推動了數以百計的劇種的成長與發展，被譽為「百戲之祖」。二○○三年，崑曲藝術被列入聯合國教科文組織第二批人類口述和非物質文化遺產代表作名錄。

· 京劇

有國粹之譽。也稱皮黃，由西皮和二黃兩種基本腔調組成，它的音樂素材，也兼唱一些地方小曲調（如柳子腔、吹腔等）和崑曲曲牌。歷史上還有二黃、黃腔、京調、京戲、平劇、國劇等稱謂。在一八四○年前後形成於北京，盛行於二十世紀三四十年代，時有「國劇」之稱，至今仍是具有全國影響的大劇種。京劇行當全面，表演成熟，氣勢宏美，是近代中國戲曲的代表。其劇目之豐富、表演藝術家之多、劇團之多、觀眾之多、影響之深均為全國之冠。二○○六年被列入第一批國家級非物質文化遺產名錄。

**知識擴展**

【四大名旦】指中國京劇歷史上曾經湧現出的四位表演大師：梅蘭芳、程硯秋、尚小雲和荀慧生。四大名旦中，梅派的梅蘭芳先生因德藝雙馨而最負盛名。

· 評劇

發源於河北唐山，是流行於北京、天津和華北、東北各地的地方戲。它最初是在河北民間說唱「蓮花落」的基礎上發展起來的，又先後吸收了其他劇種和民間說唱的音樂和表演形式，清末形成為評劇。評劇具有活潑、自由、生活氣息濃郁的特點，擅長表演現代生活。著名演員有小白玉霜、新鳳霞等，代表劇目有《秦香蓮》、《小女婿》、《劉巧兒》等。

· 粵劇

廣東省的主要劇種，主要流行於廣東、廣西和閩南一帶。居住於東南亞、美洲、歐洲和大洋洲的華僑、華人及港澳同胞也十分喜愛粵劇。明清時代，中國的許多劇種流傳到了廣東，這些劇種的聲腔與廣東音樂、民間曲調相結合，逐漸形成了粵劇。粵劇用廣東方言演唱，形成了自己獨特的風格。著名演員有紅線女、馬師曾等，代表劇目有《搜書院》、《關漢卿》等。

· 越劇

發源於古越國所在地浙江紹興地區，是浙江省的主要地方戲，流行在浙江、上海、江蘇、江西、安徽等地。越劇形成於清末，最初全部由男演員演出，二十世紀三〇年代又發展成全部由女演員演出。越劇唱腔委婉，表演細膩，抒情優美，現已成為僅次於京劇的一個大劇種。著名演員有袁雪芬、王文娟、徐玉蘭等，代表劇目有《紅樓夢》、《梁山伯與祝英台》等。

· 豫劇

河南省的主要地方戲，也叫河南梆子、河南高調，流行於河南以及臨近各省，已有三百多年的歷史。豫劇的聲腔，有的高亢活潑，有的悲涼纏綿，能夠表演各種風格的劇目，傳統劇目有六百五十多齣，已經發展成為具有全國影響的劇種。著名演員有常香玉、牛得草等，代表劇目有《穆桂英掛帥》、《紅娘》、《七品芝麻官》、《花木蘭》和《朝陽溝》等。

· 黃梅戲

安徽省的地方戲之一，舊時稱為黃梅調，主要流行於安徽及江西、湖北的部分地區。黃梅戲起源於湖北黃梅的採茶歌，傳入安徽安慶地區後，又吸收了當地的民間音樂，發展形成了這個劇種。黃梅戲載歌載舞，唱腔委婉動聽，表演樸實優美，生活氣息濃厚，受到了人們普遍的歡迎。著名演員有嚴鳳英、王少舫、馬蘭等，演出的傳統劇目有《天仙配》、《女駙馬》和《牛郎織女》等。

· 秦腔

又稱亂彈，流行於我國西北地區的陝西、甘肅等地，因其以棗木梆子為擊節樂器，又叫梆子腔，俗稱「桄桄子」。秦腔「形成於秦，精進於漢，昌明於唐，完整於元，成熟於明，廣播於清，幾經演變，蔚為大觀」，是很古老的劇種。清康熙時，已發展至成熟。乾隆年間（1736-1795），魏長生進京演出秦腔，轟動京師。對各地梆子聲腔的形成有直接影響。秦腔的表演樸實粗獷而細膩，以情動人，富有誇張

性。角色行當分為四生六旦二淨一丑，計十三門，又稱「十三頭網子」，表演唱做並佳。辛亥革命後，秦腔經改革後，唱腔從高亢激昂而趨於柔和清麗。二○○六年被列入第一批國家級非物質文化遺產名錄。

　　·晉劇

　　即山西梆子。一般指中路梆子，也是山西省流行的中路、北路、蒲州、上黨四大梆子的統稱。中路梆子源起於蒲州梆子，清道光、咸豐年間（1851-1861）已盛行，流行於山西中部、內蒙等地。有《打金枝》、《賣畫劈門》、《殺官》等劇目。北路梆子流行於山西北部和內蒙等地，較中路梆子音調更高亢，富有塞外山野風味。有《王寶釧》、《血手印》等劇目。蒲州梆子即蒲劇，約形成於明代末年，尤以耍帽翅、甩髮等見長。演出劇目以《竇娥冤》、《薛剛反唐》等影響較大。中路、北路以及上黨梆子都由蒲劇所派生。上黨梆子也叫東路梆子，明末清初源起於今晉城一帶，流行於山西東南部地區。音調高亢活潑，表演風格粗獷、剛健。代表劇目有《三關排宴》、《東門會》等。

　　·川劇

　　流行於四川全省及雲南、貴州部分地區。清代乾隆時在本地車燈戲基礎上，吸收融匯各地聲腔，逐漸形成具有當地特色的新劇種，清末時稱川戲，後改稱川劇。川劇語言生動活潑，幽默風趣，充滿鮮明的地方色彩、濃郁的生活氣息，有著廣泛群眾基礎。唱、做、念、打齊全，器樂幫腔烘托，「變臉」、「噴火」、「水袖」獨樹一幟。川劇名戲《白蛇傳·金山寺》在國內外廣泛流傳。

第十三編

科技與體育

科學技術在中國古代有過輝煌燦爛的成就，在一個相當長的歷史時期曾居於世界領先的地位，對人類文明作出了偉大的貢獻。但當西方經過文藝復興的洗禮，近代科技持續迅猛發展的同時，中國近幾個世紀的科技發展卻處於遲滯狀態，最終被西方遠遠地甩在後面，因此認識中國古代科學技術是非常必要的。

古代體育活動，既是古代社會生活的一個重要方面，也為現代體育的發生和發展奠定了歷史的基礎。中國古代體育活動有著悠久的歷史，特別重視運動的娛樂性與實用性，體現了豐富的文化內涵和人文精神。

## ■ 數學

中國古代數學意識起源很早，據說在黃帝時代就發明了十進制。漢代到唐初，是中國數學的輝煌時期，數學成果非常突出。此後一直到宋元時期，中國數學在世界都處於遙遙領先的水平。古代數學主要為「算學」，其中部分內容與天文學結合，部分與術數相關。

### ‧算經十書

唐高宗顯慶元年（656），將《周髀算經》、《九章算術》、《孫子算經》、《五曹算經》、《夏侯陽算經》、《張丘建算經》、《海島算經》、《五經算術》、《綴術》、《緝古算經》十部漢以來的著名數學著作為算學教科書，用以進行數學教育和考試，後世通稱為「算經十書」。

· 《九章算術》

中國古代數學專著，是「算經十書」中最重要的一種。其確切作者不詳。此書應是在長時期內經過多次修改逐漸形成的。全書共九章，一共蒐集了二四六個數學問題，給出了每個問題的解法。

· 劉徽（約 225-約 295）

魏晉時期成就最高的數學家，三國後期魏國人，山東鄒平人。其數學著作主要有《九章算術注》十卷和《重差》一卷，後者唐代易名為《海島算經》，為「算經十書」之一。

· 祖沖之（429-500）

南朝成就最高的科學家。字文遠，生活於南朝宋齊之間。主要貢獻在數學方面撰寫了《綴術》一書，被收入「算經十書」中；在曆法方面，創製了《大明曆》，最早將歲差引進曆法；在機械學方面，設計製造過水碓磨、銅製機件傳動的指南車、千里船、定時器等。

· 宋元數學四大家

宋元時期，中國數學家輩出。先有數學家賈憲（有《黃帝九章算法細草》，提出「賈憲三角」），此後，秦九韶、李治、楊輝和朱世傑則被譽為「宋元數學四大家」。

· 秦九韶（1202-1261）

字道古。南宋紹定間（1228-1233）進士。撰寫了聞名的巨著《數

學九章》，並創造了「大衍求一術」。這不僅在當時處於世界領先地位，在近代數學和現代電子計算設計中，也起到了重要作用，被稱為「中國剩餘定理」。

・李冶（1192-1279）

字仁卿，號敬齋。真定府欒城縣（今河北省欒城縣）人，主要生活於金元之際。所撰《測圓海鏡》共十二卷，凡一百七十個問題。李冶系統而概括地總結了天元術，使文字代數開始演變成符號代數。

・楊輝（生卒不詳）

南宋後期數學家和數學教育家。其數學著述有五種二十一卷，為《詳解九章算法》十二卷、《日用算法》二卷、《乘除通變本末》三卷、《田畝比類乘除算法》二卷、《續古摘奇算法》二卷。

・朱世傑（1300 前後）

字漢卿，號松庭。寓居燕山（今北京附近）。其數學代表作有《算學啟蒙》和《四元玉鑑》。其最傑出的數學創造有「四元術」（多元高次方程列式與消元解法）、「垛積法」（高階等差數列求和）與「招差術」（高次內插法）。


## 三 中醫學與本草學

有著數千年發展的中醫學，與西醫有著根本不同的體系，它直到今天仍然在中國人生活中占有重要位置。很少有中國人沒有看過中

醫，沒有服過中藥，因此它是仍然還活著的國學。中醫學博大精深的理論體系，植根於中國文化的深處，而傳統文化經過百年的衝擊後，中醫學現正處於危殆之中。當今學習和發揚中醫學，意義是非常重大的。

作為傳統中醫學組成部分的中藥學，舊稱本草學，是曾以博物學形式作為許多傳統讀書人的基本知識。

·《黃帝內經》

簡稱《內經》，原書十八卷，每卷九篇，共一百六十二篇。全書非一人一時之作，主要部分形成於戰國至東漢時期。《黃帝內經》建構了一個生命科學的理論體系，其基礎是陰陽學說、五行學說、形神學說以及天人合一學說。

·張仲景

名機，字仲景。後世譽之為「醫聖」。著有《傷寒雜病論》、《辨傷寒》、《評病藥方》、《療婦人方》、《五藏論》、《口齒論》等醫書。奠定他「醫聖」和「經方大師」地位的是被奉為「方書之祖」的《傷寒雜病論》。

·《傷寒雜病論》

張仲景所撰。共十六卷，在流傳過程中，後來變成了《傷寒論》和《金匱要略》兩書。前者十二卷，論外感熱病；後者四卷，論內科雜病。全書確立的理論，為我國中醫病因學說和方劑學說的發展作出

了重要貢獻。

· 腧穴學

腧（shù）穴是人體臟腑經絡氣血輸注出入的特殊部位，是針灸、推拿等療法主要的施術部位。腧穴學是研究腧穴的位置特點、主治作用及其基本理論的一門學科，是針灸學、推拿學的基礎理論。我國第一部腧穴學專著，約成書於西漢末至東漢延平年間（前 138-106）。

· 《黃帝明堂經》

此書是對漢以前散在醫書中的針灸腧穴文獻的一次全面總結。它的出現標誌著繼《內經》以後針灸學科一個質的飛躍，針灸專著從無到有，腧穴數量猛增，對於後世針灸腧穴學的發展產生了深遠影響。

· 《針灸甲乙經》

中國針灸學專著，原名《黃帝三部針灸甲乙經》，簡稱《甲乙經》。晉皇甫謐（215-282）編撰，共十卷，南北朝時期改為十二卷本。

· 王叔和（201-280）

名熙。高平（今山東微山縣）人。其最重要的醫學成就在於撰寫了奠定中國脈學的專著《脈經》十卷，共九十八篇。

## ・脈經

脈學在我國起源很早。切脈是傳統醫學診斷學之「望、聞、問、切」四診中重要的組成部分。至王叔和寫成集自古以來脈學之大成的《脈經》，首次將脈象歸納為二十四種，並準確描述了各種脈象的不同指下感覺，奠定了後世脈名分類和診療的基礎。他最早提出寸口三部九候之法，推進了簡便易行的診脈法的臨床普遍應用。

## ・孫思邈（？-682）

京兆華原（今陝西耀縣）人。著名的百歲老人和道士。後人尊他為「藥王」。他是中醫醫德規範制定人。他的《千金要方》第一卷就是《大醫精誠》一文，這是中醫學典籍中論述醫德的第一篇重要文獻。其醫學和藥學成就集中表現在《備急千金要方》和《千金翼方》兩書中。

## ・金元四大家

指劉完素、張從正、李杲和朱震亨。他們的總出發點都是我國傳統的《內經》的醫學體系，但又各從不同的側面繼承並發展了《內經》的醫學理論，使我國醫藥學的體系發展到新的高度。

## ・劉完素（1110-1200）

字守真。金代河北河間人。他精研醫學，提出了一整套治療熱性病的方法，對寒涼藥物的應用有獨到的研究，被稱為「寒涼派」。

・張從正（1156-1228）

字子和。金代河南考城（今河南蘭考、睢縣一帶）人。主要著作有《儒門事親》十五卷。他主張用汗、吐、下三法，臨床應用中確有精到之處，遂有「攻下派」之稱。

・李杲（1180-1251）

字明之。金代河北真定人，師承劉完素。他強調脾胃的作用，並認為「元氣」是人生之本，元氣充足與否決定了人體健康與病變。後人稱之為「補土派」或「溫補派」。

・朱震亨（1281-1358）

字彥修，號丹溪，元代浙江義烏人。著有《格致餘論》、《局方發揮》等醫藥著作。他倡瀉火養陰之法，後人稱之為「養陰派」或「滋陰派」。

・本草學

漢代有「本草待詔」的官職，又將「本草」當作與天文、歷算、方術等一樣的學科技藝。漢代還產生了中國最早的藥學專著《神農本草經》，本草遂成為中藥與藥書的代名詞，並形成「本草學」。本草學研究中藥的分類、來源、採集、功效以及藥物的使用劑量、服藥方法，總結藥性理論。

·《神農本草經》

現存最早的藥物學專著，為我國早期臨床用藥經驗的第一次系統總結，歷代被譽為中藥學經典著作。全書分三卷，載藥三百六十五種（植物藥二百五十二種，動物藥六十七種，礦物藥四十六種），文字簡練古樸，成為中藥理論精髓。

·《證類本草》

北宋藥物學集大成的著作，全稱《經史證類備急本草》，三十一卷，六十餘萬言。北宋唐慎微（約 1056-1093）撰。全書收藥總數達一千七百四十六種，是宋代最完備的本草專著，在中國醫藥學史上占有極其重要的地位。另外，此書為後世保存了豐富的民間方藥經驗。

·《本草綱目》

被譽為「東方藥物巨典」的本草著作，明代藥物學家李時珍撰。《本草綱目》共五十二卷，約一百九十萬字。全書將藥物分成礦物藥、植物藥、動物藥三大類。此書集我國十六世紀以前藥學成就之大成，影響遠播海外。

·李時珍（1518-1593）

字東璧，號瀕湖。湖北蘄州（今湖北蘄春）人。家裡世代業醫。李時珍曾在朝廷太醫院任職。後歷時二十七年編成《本草綱目》一書，是我國明以前藥物學的總結性巨著。另著有《瀕湖脈學》、《奇經八脈考》等書。

## 三 體育

中國古代體育有三大類型，一是搏擊類的，二是健身類的，三是交際與娛樂類的。多以幾個人或小群體方式進行，廣泛的群眾性體育活動則相對薄弱。

・武術

武術運動在我國有著悠久的歷史，它不僅內容豐富多彩，而且獨具一格，富有民族特點。據《史記》和《述異記》記載，蚩尤部落作戰時，不僅持戈、矛等進行械鬥，而且還善於徒手搏鬥。這是武術的起源，後代武術可分為兩類：一類是徒手的，一類是持械的。

・劍術

起源於春秋時的吳越。一直到明清都在民間盛行。它不僅可以強身，也可以禦敵。

・十八般武藝

主要指武術中常見的一些長短武器，包括刀、槍、劍、戟、斧、鉞、錘、叉、棍、棒、槊、鐺、鞭、鐧、鑿、鈀、戈、矛。

・氣功

又叫導引、行氣、服氣，已有多年歷史。從用途上講，有醫療氣功、保健氣功、武術氣功等。

· 太極拳

拳術與氣功相結合的一種體育活動。屬於內容拳系，其主要特點是以靜制動，以柔克剛。經過長期演變，分為陳氏、楊氏、孫氏、吳式、武式五大流派，但要領大同小異。

· 舉重

舉重是一項很古老的運動。古希臘人曾用舉石頭來鍛鍊和測驗人的體力，羅馬人在棍的兩頭紮以石塊來鍛鍊體力和訓練士兵。中國民族形式的舉重活動，早在兩千多年前的楚漢時代就有記錄（舉大刀、石擔、石鎖等）。古代常用舉重作為衡量一個人體力的主要標誌。

· 角力

人們用自身的力量而不借用任何工具去征服自然界的一項活動。從某種意義上說，這是人類最原始、最早的一項體育活動。

· 翹關

始於春秋時期。指的是雙手舉起城門和巨型木門栓。唐代設武科舉，其中一項考試項目為「翹關」。

· 扛鼎

指的是用雙手將鼎舉起。先秦時即用扛鼎來測試武士的體力。

## ．足球

足球運動是一項古老的體育活動，源遠流長。最早起源於我國古代的一種球類遊戲蹴鞠，相傳為黃帝所制，到戰國時已盛行。唐代時蹴鞠的比賽已類似現代的足球賽。清朝則把蹴鞠與滑冰結合起來，創造了「冰上蹴鞠」。

## ．蹴鞠

最早載於《史記・蘇秦列傳》，又名蹋鞠、蹴球、蹴圓、築球、踢圓等。蹴鞠即用腳踢球，是中國一項古老的體育運動，有直接對抗、間接對抗和白打三種形式。

## ．馬球

始於東漢。至唐代，更為盛行。球用質地堅而彈性好的木頭製成，大小如拳，中間挖空，外面塗上朱紅色的漆，運動員騎在馬上用枝擊球，枝有點類似今天的冰球杆。場上設單球門，也有時設雙球門，打法類似足球。

## ．騎射

古代把賽馬和射箭運動稱為騎射，是帶有軍事性的體育運動。早在戰國時代，趙國的國君趙武靈王就進行了軍事改革，令軍民改穿胡服，學習騎射，以提高軍隊的戰鬥力。

・射箭

「射」是西周時貴族子弟的必修課，是「六藝」之一。官方專門規定有射禮，城市鄉村都定期舉行射箭比賽。歷代都很重視射箭，它一直是傳統體育活動之一。

・騎馬

它與古代游牧生活、狩獵、戰爭有著密切的關係，歷史相當悠久。戰國時，貴族階層中就盛行著賽馬活動。到了漢代，已出現了專門管騎射訓練的官吏。直到清朝，軍隊中仍以弓馬為先。近代以後，才逐漸衰落。

・拔河

人數相等的雙方對拉一根粗繩以比較力量的對抗性體育娛樂活動。春秋時叫「牽鉤」，本來是楚國用以訓練兵卒在作戰時鉤拉或強拒的能力，後來被水鄉漁民傚倣，成為一項民間體育娛樂活動。唐朝時開始叫拔河，常在正月十五舉行比賽，意在祈求豐年。

・賽龍舟

又叫龍舟賽、划龍船。大約起源於漢代，對它起源的傳說很多。民間傳說百姓為打撈屈原屍體而制龍舟，鳴鑼擊鼓以驅水中蛟龍，使其不傷屈原屍體，於是就有了龍舟之戲。歷代端午節都有賽龍舟活動，民間尤盛。

．夜龍舟

在浙江武進，過去有夜龍舟，在四面掛起小燈以競渡。四川五通橋從一九八二年起出現了夜龍舟，在舟上裝電燈，配焰火，漂浮河燈，輝煌奪目。浙江少數地方還於水上設堆堆浮焰，讓張燈結綵的龍舟從焰中穿過。

．旱龍舟

在陸地上進行的模擬龍船比賽的活動，據說可除邪祟。

．博

古代把棋藝通稱為博弈。「博」是象棋的前身。由二人對局，各執六枚棋子，因此又稱「六博」。棋盤呈方形，又稱曲道。南北朝時，在六博基礎上出現了象戲，棋子有上將、輼車、天馬、卒等。棋盤縱橫八道，六十四格。棋子分黑白，置於格內。當時人認為棋子有象徵意義，故稱象戲。

．弈

「弈」指圍棋。產生比象棋早，春秋戰國時已流行。因其以圍占地盤分勝負，故名。由於具有很高深的戰略戰術思想，所以歷來是軍事教育內容之一。宋代都市棋院中有專業的「棋工」，明朝出現圍棋「冠軍」稱號，清代產生眾多圍棋專著。

．鬥蟋蟀

亦稱「秋興」、「斗促織」、「斗蛐蛐」。它是一種用蟋蟀相鬥取樂的娛樂活動。開始於唐玄宗天寶年間，興盛於宋朝。

第十四編

# 歷史與文化傳播

中國傳統文化是在悠久的中國歷史發展中形成和推演的。歷史是中國最有特色的一門學科，大批的史書記錄著古代中國人的智慧。

中國文化與中國智慧，也是在與世界的交流中不斷發展的。域外文化的輸入，使中國文化不斷得到壯大；中國文化的對外傳播，擴大了中國文化的影響，且在一定程度上激活了中國文化的內在因子。

## ▇ 歷史朝代

中國歷史很長，但記載較明確的一般認為從夏朝開始，此後的各王朝演變大致如下：

### ‧夏朝

中國史書記載的第一個世襲制王朝。一般認為夏朝是一個部落聯盟形式的國家。依據史書記載，自唐、虞至夏、商、周三代皆封建時代，帝王與諸侯分而治之。此時期的文物中有一定數量的青銅和玉製的禮器，所以其文化及文明程度高於新石器晚期文化。夏王朝大約從西元前二十一世紀初到西元前十七世紀，前後近五百年，有十七個帝王先後作為統治者。

### ‧商朝

中國歷史上第二個世襲制王朝。自商湯至商紂，共十七世，三十一王，自約西元前一六〇〇年初至約西元前一〇四六年，前後經歷了近六百年。商部落原是一個以畜牧業為主的部落，在黃河下游一帶繁衍。商朝確立統治，建都於亳（今河南商丘）；後盤庚遷都到殷（今

河南安陽），故商朝也稱做殷商。考古學家從安陽發現了大量的甲骨文，說明殷商時代文字已經得到充分廣泛的應用。商朝對於天文天象多有記載，出現了干支記時法。商朝的農業和畜牧、養殖業發展較快，尤其是手工業、青銅器的冶煉與製造都相當成熟，各種常用的器具和禮器、酒器十分精美。著名的司母戊大方鼎重達八百七十五公斤，就是其中的傑出代表。

· 周朝

中國歷史上最長的朝代，從西元前一〇四六年到西元前二五六年，共傳三十代三十七王，享國約八百年。分為西周和東周兩個時期，東周又分為春秋和戰國兩個時期。西周建都鎬京（今陝西西安附近），到西元前七七一年結束。第二年，周平王遷都洛邑（今河南洛陽），開始了東周的歷史。周朝的統治範圍包括今黃河、長江流域和東北、華北的大部。西周社會和政治制度有兩大內容：一是宗法制，宗法制是以宗族血緣關係為紐帶，以嫡長子繼承製為核心，維護貴族世襲統治的制度。二是分封制。西周是一個以農業為主的朝代，在經濟上實行井田制。此外，在文化上以禮樂制度為中心，這對後世產生深遠影響。春秋戰國時期，政治上諸侯爭霸，先有五霸，後有七雄；在思想文化上，則出現了百家爭鳴的局面，為中國文化奠定了堅實的基礎。

· 秦朝

西元前二二一年，秦王嬴政統一六國，建立了以咸陽為首都的幅員遼闊的統一國家，叫秦。其疆域東起遼東，西至玉門關、隴西，北

抵長城，南達越南北部及中部一帶。秦王嬴政自封為始皇帝，制定了一套尊君抑臣的朝儀和文書制度。秦朝廢除周朝分藩建國的封建制度，全面推行郡縣制度。其政治制度，多為後代所承襲。此外，秦始皇又統一文字、統一度量衡，在文化上進行嚴酷的集權控制，出現了焚書坑儒的事件。秦朝的集權統治，僅僅維繫了十五年，於西元前二零六年被推翻。

・漢朝

中國第二個大一統的王朝，漢高祖劉邦建立。前期定都長安，稱為西漢、前漢；後期定都洛陽，稱為東漢、後漢。自西元前二零六年滅秦至西元二二零年曹丕稱帝，漢朝共傳二十四帝，歷時四百零六年。漢代是中國歷史上最為強盛的時期之一，曾先後出現號稱「文景之治」、「漢武之治」、「明章之治」的繁榮時代。譬如漢武帝勵精圖治，在文化上，罷黜百家，獨尊儒術，政府扶持先秦文化典籍的整理與教育，這期間產生了史學巨著《史記》；軍事上，擊敗匈奴單于，又吞滅南越國，征服朝鮮，使中國成為亞洲第一霸主，世界第一大帝國；外交上，兩次派張騫出使西域，開闢了絲綢之路。絲綢之路成為東西方經濟文化交流的橋樑。

・魏晉南北朝

又稱為三國兩晉南北朝，是自西元二二○年魏代漢而立，至西元五八一年隋朝立國為止的多個朝代的合稱。其中，因孫吳、東晉、宋、齊、梁、陳都立國於江東地區，都建都於建康（或稱建業，即今南京），而合稱為六朝，六朝亦被用做魏晉南北朝的代名詞。中國歷

史上政權更迭最頻繁的時期，這一時期的文化呈現出新變和重要的發展，其突出表現為儒學衰落、玄學興盛、佛教崛起、藝術發達。

**知識點鏈接**

【三國】包括曹魏、蜀漢、孫吳三國。曹魏始於西元二二零年，曹丕篡漢，建都洛陽，史稱魏或曹魏。統治範圍有整個黃河流域、淮河流域，以及長江中游的江北及甘肅、陝西、遼寧的大部分地區。共歷五帝、四十六年。蜀漢為劉備所建立，建都於成都，史稱蜀或蜀漢。統治區域有今四川、雲南、貴州全部和陝西的一部分。西元二六三年為曹魏所滅，共歷二帝、四十三年。孫吳為孫權所建立，建都於建業，史稱孫吳或東吳。統治區域有今長江中下游、浙江、福建和兩廣地區。西元二八零年為晉所滅，共歷四帝、五十九年。

【兩晉】指西晉和東晉。西元二六五年，西晉代魏而立。建都洛陽，進而統一全國。西元三一六年，西晉亡於前趙之後，又在南方重建，建都於建康，史稱東晉。西元四二零年，東晉亡。兩晉共歷十五帝、一百五十六年。

【五胡十六國】指自西晉末年到北魏統一北方期間，曾在中國北部境內建立政權的五個北方民族及其所建立的政權。五胡指匈奴、鮮卑、羯、氐、羌。十六國指前涼、後涼、南涼、西涼、北涼、前趙、後趙、前秦、後秦、西秦、前燕、後燕、南燕、北燕、夏、成漢。此外，還有冉魏、西燕、代國等北方少數民族政權。

【南朝】包括宋、齊、梁、陳四代。宋為劉裕代東晉而立，建都

建康，因皇室姓劉，故史稱劉宋。共歷八帝、六十年。齊為蕭道成所建，為了與北朝的北齊加以區別，史稱南齊，也因皇室姓蕭而稱蕭齊。共歷七帝、二十四年。梁為蕭衍所建，亦稱蕭梁。共歷八帝、五十六年。陳為陳霸先所建，是南朝版圖最小者。共歷五帝、三十三年。

【北朝】包括北魏、東魏、西魏、北齊、北周。另，史家多有將隋朝也計入北朝的。北魏或稱後魏、元魏。為鮮卑族拓跋部所建，其前身為十六國時的代國。建都於平城（今山西大同）。西元五三四年分裂為東魏與西魏，隔黃河而治。從拓跋建魏，到西元五五七年西魏亡，共歷十七帝、一百七十一年。東魏，建都於鄴（今河北臨漳西南），共歷十七年。西魏，定都長安，共歷三帝、二十四年。北齊為東魏大將高歡子高洋奪取東魏政權而建，共歷八帝、二十八年。北周為西魏大將宇文泰之子宇文覺奪取西魏政權而建，共歷五帝、二十五年。

· 隋朝

自西元五八一年代北周而建立隋朝，五八九年滅亡陳，統一中國，至六一八年煬帝被殺於江都，隋朝共歷二帝、三十八年。隋先以長安為都，後來又新建大興城為京師，以洛陽為陪都，實行東西兩京制：西京長安、東京洛陽。隋朝前期，統治者積極有為，政治穩定。大運河的開通，促使了南北經濟的繁榮。工匠李春設計製造了趙州橋，其設計之巧與工藝之新，使之成為世界橋樑史上石拱橋的典範。

· 唐朝

世界公認的中國最強盛的王朝。隋朝太原留守李淵於西元六一八年所建，以長安為首都。唐朝在「安史之亂」後日漸衰落，至西元九零七年而亡，共歷二百八十九年，傳二十一帝（加武則天則為二十二帝）。唐朝在文化、政治、經濟、外交等方面都有輝煌的成就，是當時世界上最強大的國家。軍事方面，唐朝繼北魏破柔然之後，又一次取得了中原王朝對大漠部落的軍事上的巨大勝利。全盛時期的疆域東至朝鮮半島，西達中亞鹹海，南到越南順化一帶，北包括貝加爾湖，總面積達一千二百五十一萬平方公里。經濟方面，到了唐玄宗時期，出現開元盛世，唐朝經濟已經遠超過了同一時期的拜占庭帝國以及阿拉伯帝國。極盛期的七五四年，全國總人口達五千二百八十八萬多，戶口總數約九百○七萬戶。文化、藝術、宗教等方面的成就更是達到登峰造極的地步，當時的東亞鄰國包括新羅、渤海國和日本都深受其影響。

· 五代十國

從西元九○七年至九六○年，中原一帶出現了後梁、後唐、後晉、後漢、後周等五個朝代，史稱五代。同時，南方和山西地區，先後出現吳、南唐、吳越、楚、閩、南漢、前蜀、後蜀、荊南、北漢等國，稱為十國。九六零年宋朝建立，九七九年滅北漢，結束了五代十國的局面。

· 宋朝

西元九六○年趙匡胤在陳橋發動兵變，代後周而立。分為北宋和南宋兩個時期。北宋定都汴梁（今開封）。靖康年間（1126-1127），

金兵攻陷汴京，北宋亡。一一二七年，趙構在臨安（今杭州）重建宋王朝，史稱南宋。至一二七九年滅亡，宋朝共歷三百二十年，傳十八帝。宋朝實行重文輕武的國策，軍事實力較弱，但其經濟、文化教育卻非常繁榮，儒學復興，科技發展亦突飛猛進，政治也較開明廉潔，終宋一代沒有嚴重的宦官亂政和地方割據，兵變、民亂次數與規模在中國歷史上也相對較少。著名史學家陳寅恪言：「華夏民族之文化，歷數千載之演進，造極於趙宋之世。」

· 遼國

原名為契丹國，於西元九一六年由耶律阿保機建立，是與北宋對峙的北方少數民族王朝。一一二五年，遼為金所滅。遼亡後，耶律大石西遷到中亞楚河流域，建立西遼。一二一八年，遼被蒙古族所滅。遼在較短的時間內從部落氏族社會過渡形成奴隸制度社會，並在向封建社會躍進的同時統治了中國北部，密切了各族人民之間的聯繫，促進了融合，為開發蒙古地區和中國東北發揮了重要的作用。

· 金國

以女真族為主體建立的政權，創建者是金太祖完顏阿骨打，西元一一一五年稱帝建國。金國先建都會寧府（今黑龍江阿城南白城鎮），後遷都燕京（今北京），再遷都至汴京（今河南開封）。西元一二三四年在蒙古軍與宋軍聯合進攻下滅亡。金國歷經九帝，共一百二十年。疆域盛時東北到今日本海，南到淮河、秦嶺一線，西至今甘肅省，北到外興安嶺和鄂霍次克海，它為我國北部社會發展和民族融合作出了貢獻。

## ・元朝

第一個由少數民族建立的統一王朝，中國歷史上疆域最廣闊的王朝。蒙古族統治者忽必烈（即元世祖）於西元一二七一年所建，國號大元，一二七二年定都於大都（今北京市），一二七九年滅南宋，完成南北統一。一三六八年朱元璋建立明朝，並於同年進行的北伐中推翻了元朝。北遷的元政府後退居漠北，與明朝對峙，史稱北元。蒙古族統治者征服全國後，實行民族壓迫政策，將其政權下的人民劃分為蒙古、色目、漢人和南人四個等級。

## ・明朝

西元一三六八年朱元璋建，中國最後一個漢族統一政權。始都應天府（今南京）。一四二一年，明成祖遷都北京。一六四四年李自成攻破北京，明亡。共歷十六帝、二百七十七年。明代強化皇權專制，廢除宰相制度，將相權與君權攬於一身。雖設內閣，內閣只為皇帝的顧問，奏章的批答仍為皇帝的專責。明統治者還設立特務機構錦衣衛、東廠、西廠，由宦官統領，加強對全國臣民的監視。明代在經濟上最突出的特徵是私營工商業的巨大發展，當時無論是鑄鐵、造船、建築等重工業，還是絲綢、紡織、瓷器、印刷等輕工業，在世界都遙遙領先，工業產量占全世界的三分之二以上。

## ・清朝

中國歷史上最後一個君主專制王朝，也是中國歷史上第二個由少數民族統治中國全境的中央政權。統治者為出身建州女真的愛新覺羅

氏。西元一六一六年，努爾哈赤建立後金，定都於赫圖阿拉。一六三六年，清太宗皇太極稱帝且改國號為大清，改族名為滿。一六四四年，清順治帝入關，遷都北京，開始統治全國。一九一一年辛亥革命爆發，各省紛紛宣佈獨立，清帝溥儀於一九一二年退位，清朝正式滅亡。自入關以來，清朝共歷十帝，享國祚二百六十八年。清代軍事實力較強，至康熙、雍正、乾隆時期達到頂峰，史家曾稱之為「康雍乾盛世」。在政治上，清朝實行嚴厲的封建專制。為了鞏固其統治，製造了多起文字獄。在學術文化上，清代邁越前代，取得了很高的成就，形成了所謂的乾嘉學派，產生了許多曠世的文化成果。

## ■ 史學與史書

中國的歷史記載發源很早，史學在古代特別發達，史書在古人心目中占有極其重要的地位。

### ‧正史

正史多屬於官修的紀傳體史書，具有官方性、權威性、正統性等性質。正史的數目，唐有十三史、宋有十七史，明有廿一史，清有廿二史、廿四史，現代又有二十五史之名。十三史指《史記》、《漢書》、《後漢書》、《三國志》、《晉書》、《宋書》、《齊書》、《梁書》、《陳書》、《魏書》、《北齊書》、《周書》、《隋書》。十七史則加上：《南史》、《北史》、《新唐書》、《新五代史》。再加《宋史》《遼史》、《金史》、《元史》四史後為廿一史。清乾隆初年修成《明史》，後又增列《舊唐書》、《舊五代史》，成廿四史。一九二一年《新元史》修成，

時人又有「二十五史」之說。正史中，唐以前所修各史為個人修纂，並稱為「前四史」，唐以後的正史多由官修。又，《史記》與《南史》、《北史》為通史，其餘各史，均為斷代史書。

## 相關知識

【非正史的史籍名稱】在正史之外的較有體例、系統和組織的史書，往往稱為別史，否則多稱為雜史。另外，私家所撰的雜史，現代人又統統稱其為野史，這一名稱並不是歷代目錄中的正式類目名稱。

### ・紀傳體

以本紀、列傳為中心的史書編纂體裁。這一體例由司馬遷開創，《史記》為第一部紀傳體史書。歷代正史基本上都採用紀傳體形式。這種形式最主要的是本紀、列傳兩部分，很多史書還有書志，有的還有表等部分。本紀為一朝的編年簡史，兼述帝王本人事蹟。列傳是各方面代表人物的傳記。書志則是關於典章制度或有關自然、社會等方面的專史。表是用來簡要羅列錯綜複雜的社會情況和無法一一寫入列傳的眾多人物。紀傳體史書的突出特點是以人物為中心，將寫人與紀事結合起來反映歷史情形。

### ・編年體

以時間順序記載歷史事件的著史體裁。相傳為孔子編定的《春秋》是我國現存最早的一部編年體史書。西晉時發現的先秦史籍《竹書紀年》也採用編年體。後世的一些通史，如《資治通鑑》也採用編

年體。編年體史書以時間為經，以史事為緯，優點是便於考查歷史的細節，對於各時間點所發生的眾多歷史事實形成全面的認識。缺點是記事按年月分列雜陳，不能集中敘述每一歷史事件的全過程，難以記載不能按年月編排的事件。

· 紀事本末體

以歷史事件為綱的史書體裁。這種體裁每事一題，為一專篇，把分散的材料集中在一起，按時間先後敘述，其優點是能夠完整地反映歷史事件的全過程，可補編年體與紀傳體之不足。缺點在於不能突出同一時期各個歷史事件之間的聯繫。南宋袁樞的《通鑑紀事本末》是中國第一部紀事本末體史書。

· 斷代史

以朝代為斷限的史書。班固的《漢書》是中國第一部斷代史，記錄西漢一代的歷史。二十五史中多為斷代史。編年體和紀事本末體的史書中，以朝代為斷限的，也屬斷代史。

· 通史

在斷代史基礎上產生的史書，是指聯貫地記述多個朝代歷史的史書。通史具有包羅萬象的特點，具有近似於百科全書的性質。它敘述的內容廣泛，包羅各種重要事件和重要課題。張舜徽先生指出：「就敘事方面而論，有了通史，便可綜合群史，刪繁就簡，寫成有系統有條理的本子，可以簡省學者的精力和時間。」這就是說在敘述中要清晰地體現歷史發展脈絡，給人以整體的認識。

· 政書

又稱典志，專詳典章制度的史書。它廣泛彙集政治、經濟、文物、制度方面的材料，分門別類系統地加以組織，並詳述各種制度的沿革等。從《史記》的「八書」、《漢書》的「十志」發展而來。中唐杜佑編纂的《通典》是中國第一部典章制度史。此後，馬端臨的《文獻通考》、鄭樵的《通志》都是同類著作，三書合稱為「三通」，為政書的代表。清代又先後編同類政書，形成了「九通」。

· 方志

又稱地方誌，簡稱「地誌」，是以地區為單位，綜合記錄其自然和社會方面有關歷史與現狀的著作。有三類：一為全國性的總志，即記載全國各地的疆域沿革、風俗、物產、城鎮、人物、名勝、古蹟和藝文等；二是地區性方志，如省志、州志、縣誌、廳志、鄉土志等；三是專志，指山水禪林、寺廟、書院、遊覽勝蹟等的專門志書，如《廬山志》、《靈隱寺志》等。宋以前是方志的形成期；明清兩代，方志編修形成風氣，方志趨於鼎盛。地方誌可以視為有關一個地區的綜合性的百科全書。

· 《國語》

我國第一部國別體史書，記錄了周朝王室和魯國、齊國、晉國、鄭國、楚國、吳國、越國八個諸侯國的歷史。內容包括各國貴族間朝聘、宴饗、諷諫、辯說、應對之辭以及部分歷史事件與傳說故事。其中偏重記錄言論，記事較為簡略。《國語》作者相傳為左丘明，過去

曾把它稱做《春秋外傳》或《左氏外傳》。《國語》有鮮明的民本思想，文筆平正樸實，如《周語上》中記周厲王壓制言論自由後召公予以勸諫的一段，就以簡潔樸實的風格受到歷代文章家的肯定。

· 《戰國策》

記錄戰國時代歷史的國別體雜史。據記載，西漢末年，劉向校錄群書時在皇家藏書中發現了六種戰國縱橫家言的寫本，原名有：國策、國事、事語、短長、修書、長書。這些寫本內容混亂，文字殘缺。劉向按照國別予以編訂，因其主要記載戰國時代謀臣策士遊說諸侯或相互論辯時提出的政治見解和鬥爭策略，以及他們的政治活動，因此定名為《戰國策》，沿用至今。此書寫得活潑生動，具有很強的文學色彩，如《荊軻刺秦王》、《鄒忌諷齊王納諫》、《唐雎不辱使命》等都是此書中有名的片斷。

· 《史記》

原名《太史公書》。漢代史學家司馬遷著，共一百三十卷，是我國第一部紀傳體通史。司馬遷繼承父親司馬談的遺志，在獲罪受腐刑之後，仍然忍辱含垢，堅持完成這部曠世巨著。魯迅評價《史記》為「史家之絕唱，無韻之《離騷》」，這是因為它在史學方面創造了「紀傳體」形式，全書由本紀、表、書、世家、列傳五個部分構成，而且它是貫穿我國三千年左右歷史的通史，從黃帝一直寫到司馬遷生活之時，實現了作者「究天人之際，通古今之變，成一家之言」的意圖。在敘事方面，司馬遷發揚古代「直書無隱」的良史精神，不避權貴，不怕罪禍，讚美不誇飾，揭露無隱情，後人譽之為「實錄」。這些對

後世史家有示範作用。而從文筆來看，司馬遷自覺不自覺地將自身的身世遭遇、孤憤情感滲透到有關人物中，所以，作為史學名著的《史記》很多內容都飽含情感，具有很高的文學價值，後代許多文人把它當作文章來讀。

· 《漢書》

又稱《前漢書》。中國第一部斷代史，東漢班固撰，班昭和馬續續補。主要記述西漢一代的史事，與《史記》並稱為「《史》《漢》」。內容上，凡《史記》已有完整記載的，多直接抄錄《史記》，文字略有精簡，部分篇章作了較大的剪裁、增益等處理。《漢書》也採用紀傳體體裁，但沒有「世家」，《史記》中的「書」改為「志」，形成本紀、表、志、列傳四部分。敘事上，《漢書》與《史記》的情感奔放、氣勢雄健不同，整體上顯得嚴謹而典雅，記事首尾完整，取材和處理嚴謹而詳備，表達細密而整飭，受到歷代許多文人的喜愛。據說，北宋蘇舜欽沒有下酒菜的時候，便讀《漢書》一頁喝酒一口，傳為美談。

· 《後漢書》

廿四史之一，與《史記》、《漢書》、《三國志》合稱「前四史」。紀、傳兩部分，南朝宋范曄撰，「志」這部分為晉司馬彪著。記載東漢一朝的歷史。《後漢書》突出特點在於設置了九篇類傳，分別為循吏、酷吏、儒林、黨錮、宦者、文苑、獨行、逸民、方術、列女。在思想傾向上，作者重義崇德，所以書中宰相、公卿寫得少，記得略，而像鄭玄這樣的品德高尚的學問家，像李膺、杜密等在黨錮之禍中遭

受打擊的節義之士，還有像嚴光、向長等隱士逸民，譙玄、李業等獨行之士，卻特加表彰。此書在弘揚正氣、敦勵志節方面給後世的影響是積極的。

· 《三國志》

記載魏、蜀、吳三國鼎立時期歷史的紀傳體國別史，晉陳壽著。此書包括《魏書》、《蜀書》、《吳書》三個部分，尊魏為正統，故僅《魏書》有紀、傳，而《蜀書》、《吳書》則只有列傳。但在記載時，陳壽還是如實地記錄了三國鼎立的局勢，表明了它們各自為政、互不統屬的情形。此書文筆簡潔，記事詳實，取材嚴慎，為歷代史家所重視，將它與《史記》、《漢書》、《後漢書》合稱為「前四史」，視為紀傳體史學名著。此書敘事非常簡要，南朝宋裴松之為其作注，增補了很多重要史實。有了裴注之後，《三國志》的價值更大了。

· 《晉書》

唐貞觀年間（627-649）官修，記載西晉和東晉的歷史。房玄齡主持，唐太宗御撰《宣帝紀》、《武帝紀》、《陸機傳》、《王羲之傳》四篇的「論」。此書的缺點是忌諱較多，取材的時候，又常將「小說家言」采入。但從文筆看，此書不僅喜採錄《世說新語》事，而且用語造句也與它接近，雋永、清約的風格，使此書有較強的可讀性。

· 南北各史

記載南北朝歷史的有十部史書，其中梁沈約編纂的《宋書》、梁蕭子顯編纂的《齊書》、唐姚思廉在父親姚察舊稿基礎上編纂的《梁

書》和《陳書》以及唐李延壽編纂的《南史》，合稱「南朝五史」；北齊魏收編纂的《魏書》、唐李百藥編纂的《北齊書》、唐令狐德棻編纂的《周書》、唐魏徵編纂的《隋書》及唐李延壽編纂的《北史》，合稱「北朝五史」。另外，《南史》與《北史》又合稱為「南、北史」或「南北二史」。其餘八書，合稱為「南北朝八書」。

・兩《唐書》

《舊唐書》原名《唐書》，五代後晉時官修史書。到北宋時，宋仁宗認為《唐書》淺陋，下詔重修，修成後名《新唐書》，宋祁、歐陽脩等撰，曾公亮監修。其中，「列傳」部分主要由宋祁負責編纂，志和表分別由范鎮、呂夏卿負責編寫，最後在歐陽脩主持下完成。兩《唐書》相較，《新唐書》在文筆上顯得更為省淨，文筆更佳；《舊唐書》文字較為蕪雜，缺少剪裁。在體例上，新書也比舊書更完善。但是，《舊唐書》較注重蒐羅資料，其史料價值優於《新唐書》。

・新舊《五代史》

《舊五代史》原名《五代史》，也稱《梁唐晉漢周書》，宋初官修，記五代史事，因本之實錄，記敘頗詳。但原書已佚，現行本是清人從《永樂大典》等書中所輯。《新五代史》，歐陽脩撰，是唐以後唯一的一部私家撰寫的正史。歐陽脩仿「春秋筆法」，在對歷史評價時，態度嚴正，嚴格貫徹作者的褒貶之義。各篇末尾的「論贊」寓感慨於議論說理之中，幾乎都可獨立成篇，如《伶官傳》後的論贊就常作為優秀的文章選入各種文選中。

‧宋遼金三史

《宋史》、《遼史》、《金史》，均為元代官修史書，脫脫監修。《宋史》是正史中最龐大的一種，共四百九十六卷。列傳包含了二千八百多人的傳，規模是空前的。此書最被人詬病的是材料多而蕪雜，缺乏剪裁。《遼史》成書倉促，內容闕略，但因這段史事很少有他書記載，故仍然是研究契丹族與遼代歷史最可靠的文獻。《金史》編纂更為嚴謹、細密，是三史中評價最高的一種。

‧《元史》

明宋濂、王禕主持修纂，記述從蒙古族興起到元朝建立與滅亡的歷史。由於修書時間僅百餘日，過於倉促，後人評此書為正史中最草率的一部。清人補修或改修的有多種，其中柯紹忞撰成的《新元史》成就最高，被認為堪與廿四史並列，因有二十五史之名。

‧《明史》

廿四史中的最後一部，清張廷玉等奉敕修纂。此書編纂時間長達六十餘年，在正史中位居第一。在眾多參與修纂的飽學之士中，萬斯同對此書貢獻最大。此書一向評價很高，認為「體例謹嚴，文筆雅正」。其中的表、志都出自專家之手，水平很高。但它的缺點是由於立場造成的，如對於滿洲的興起，敘述曖昧，甚至隱諱其與明朝的臣屬關係。

‧《清史稿》

中國最後一部王朝斷代史。編纂者為近人趙爾巽、柯紹忞、繆荃孫等百餘人，趙、柯為總纂。由於修書者多為清朝遺老，復辟思想濃厚，堅持站在清統治者立場來寫，如稱洪秀全為「粵匪」、鄭成功為「海寇」，諸如此類問題不一而見。

・《資治通鑑》

我國第一部編年體通史，是由我國古代著名歷史學家司馬光和他的助手劉攽、劉恕、范祖禹等人共同編纂。所記歷史斷限，上起周威烈王二十三年（前 403），下迄後周世宗顯德六年（959）。在橫跨中國十六個朝代，一共一千三百六十三年的歷史中，近詳遠略，隋唐五代三百七十一年，占全書百分之四十，史料價值為最高。此書依時代先後，以年月為經，以史實為緯，順序記寫。對於重大歷史事件的前因後果，與各方面的關聯都交代得清清楚楚，使讀者對史實的發展能夠一目了然。如其中寫淝水之戰、寫李愬雪夜入蔡州的部分，寫得既頭緒清楚，又充分展現出波瀾壯闊的歷史畫面，是備受稱讚的好文章。

**相關知識**

【「資治通鑑」的含義】《資治通鑑》之名為宋神宗所定，取意「有鑑於往事，以資於治道」。「資治」意即為治國提供歷史經驗教訓，「通」標明此書貫通古今的通史性質，「鑑」是借鑑之意。

### 🔢 域外文化的輸入

中國是世界最古老的文明古國，今天看來，中國傳統文化的封閉性顯得比較突出，這是事實。但是，中國文化與域外文化的交流，一直在進行著。其中一個方面就是域外文化在不斷輸入中國。

· 棉花的傳入

我國中原地區原無棉花。先秦著作《穆天子傳》記周穆王駕八駿西遊，見西天有棉花。棉花長於地，可做衣被。我國新疆至遲在漢代已從印度引種棉花。據《梁書》記載，當時吐魯番盆地的高昌國棉花種植就已很普遍。我國西南漢代開始植棉。廣東、廣西、海南的壯族、黎族是棉花和棉紡技術的傳播者。但到南宋末年，江南才有較廣泛的棉花種植，而優質棉織品仍來自閩廣。元代以後，棉花繼續北傳，由江南而淮北；由淮水而黃河，與西北一路在河南相會，完成了棉花在中國南北傳播的全過程。

· 芝麻的傳入

芝麻原產地在非洲赤道。印度種植芝麻的歷史悠久。伊朗種植的歷史也很早，中亞芝麻就是從伊朗傳入的。我國《本草經》記，芝麻是張騫通西域時從大宛（烏茲別克）引進的，稱做胡麻，根據波斯語又譯作巨勝。它含油量高，又稱油麻、脂麻，或根據莖的特殊形狀，稱方莖。

· 西瓜的傳入

西瓜的原產地在南非，西元前後，西瓜種植遍及南歐、西亞。大約西元八世紀以後，中亞開始有西瓜種植。先由回紇人在天山南北種

植。五代十國時，契丹打敗回紇，傳入西瓜種。十世紀，在中國北部地區比較廣泛地種植西瓜。

· 玉米、蕃薯、馬鈴薯的傳入

明末傳入高產的糧食作物新品種蕃薯、玉米、馬鈴薯。清初推廣種植，我國糧食總產量猛增。這三種作物原產美洲，西元一四九二年哥倫布發現新大陸，歐洲人到美洲殖民，把這三種作物傳遍世界。

· 菸草的傳入

明嘉靖年間（1522-1566）菸草從南亞傳入我國兩廣，起初據西班牙語譯做「淡巴菰」。後又經日本、朝鮮傳入我國東北，稱做「關東煙」。我國最早傳入菸草，是作為一種新藥，作麻醉劑。但隨之，吸食菸草的習俗也傳入了。到明末，張岱記道：「余少年不識菸草為何物，十年之內，老壯童稚，婦人女子，無不吃煙；大街小巷，盡擺煙桌，此草妖也。」反映明末江浙一帶吸菸風氣已極為普遍。

· 安息石雕藝術的傳入

秦漢時代中國和伊朗的聯繫，是通過立國於裡海東南的帕提亞實現的。帕提亞在漢代譯稱「安息」，自西元前二四八年建國，到西元三世紀初滅亡，在西亞和中國之間充當了文化聯繫的橋樑。安息的石雕藝術在漢代傳入中國，出土的東漢西王母形象的石刻，被認為是安息藝術的翻版，而中國後世非常流行的石獅雕刻，也屬於從安息等中亞地區輸入的。

· 犁軒魔術的傳入

張騫出使西域歸國後，一些來自犁軒的魔術師、雜技表演者（當時稱為「眩人」）也跟著來到了長安。犁軒即位於兩河流域以塞琉西為都城的國家，為古巴比倫地區。這些來自犁軒的魔術與雜技藝人，擅長吞刀吐火、植瓜種樹、屠人截馬等特技。

· 玻璃器皿的傳入

漢末以後，伊朗的玻璃器，特別是一些富有實用價值的食具輸入到中國。伊朗玻璃器以它特有的圓形突出球面裝飾和球面磨飾，在東方別樹一幟，中國也成為它的銷售市場。薩珊時期，伊朗玻璃製造業欣欣向榮，玻璃碗、杯、瓶是其大量生產的主要器皿。它們都在中國上層社會擁有了消費者。

· 佛教的傳入

西元前二年，大月支國國王的使者伊存到長安，口授佛經給博士弟子景盧。這是佛教傳入中國的最早記載。中國主動求取佛法的記載始於漢明帝時期。當時朝廷派遣使者十二人前往西域求法。西元六十七年他們同兩位印度的僧人迦葉摩騰和竺法蘭回到洛陽，帶回經書和佛像，開始翻譯了一部分佛經，相傳就是現存的《四十二章經》，是《阿含經》的節要譯本。同時在首都建造了中國第一個佛教寺院，就是今天還存在的白馬寺。此後經過幾個世紀的傳播，到南朝梁以後，佛教便被中國各界所接受，並成為中國文化的有機組成部分。

· 祆教的傳入

祆（xiān）教，又稱瑣羅亞斯德教，亦稱拜火教，是古代波斯帝國的國教。祆教認為瑪茲達（意為「智慧之主」）是最高主神，是全知全能的宇宙創造者，它具有光明、生命、創造等德行，也是天則、秩序和真理的化身。瑪茲達創造了物質世界，也創造了火，而火是「無限的光明」。祆教原在中東廣泛傳播，但亞歷山大大帝征服波斯後，阿拉伯人征服中東，祆教受到排斥，被迫東遷，部分進入印度，部分通過西域進入中國，並得到中國北朝皇帝的支持，唐朝建有許多祆祠以備「胡商祈福」。唐武宗滅佛之後在中國絕傳。

· 回教的傳入

我國舊稱的回教、回回教、清真教即伊斯蘭教，是西元七世紀初麥加人穆罕默德所創立的一神教，與佛教、基督教並列為世界三大宗教。伊斯蘭系阿拉伯語音譯，原意為順從、和平，指順從和信仰宇宙獨一的最高主宰安拉及其意志，以求得兩世的和平與安寧。史籍記載，回教傳入我國是在西元六五一年。它傳入中國的路線主要有兩條，一條是海路，一條是陸路。唐宋時期的早期傳入，以海路為主；元代的大規模傳入及新疆地區的伊斯蘭教傳入，則基本上靠陸路。元代，回教在中國最為興盛，曾有「元時回回遍天下」之說。

## 四 中國文化的輸出

中國文化由於發源早，發展成熟，因此很早就開始向世界各地傳播，這是中國文化對世界文化發展和進步的貢獻。

· 中國文化圈

又稱為東亞文化圈，是指在中國文化的深刻影響下形成的文化群體。其基本要素為漢字、儒學、中國式律令制度與農工技藝、中國化佛教。中華文化向朝鮮、日本、越南的傳播有三個層面：（1）物質文化。主要是中國向這三國的民族遷徙所伴隨的漢字以及稻作文化的傳播；（2）精神文化：主要是儒學和佛教的傳播；（3）制度文化：主要是官制和法制的傳播。維繫東亞文化圈的四根紐帶是：（1）漢字的使用奠定共同心理基石；（2）儒學促進精神文化整合；（3）漢傳佛教維繫共同信仰；（4）天朝禮治體系維繫區域政治秩序。

· 漢字在日本

西元二八四年，朝鮮百濟王仁攜帶《論語》、《千字文》到日本，是漢字正式傳入日本的標誌。那期間，日本通曉漢字的人大都是大陸移民及其後裔。漢字傳入後，日本朝廷詔敕、國史、詩文無不用漢字撰寫。與此同時，古代日本還以漢字為模式創造日本文字，曾借用漢字作音符，寫日本語。日本最早的史書《古事記》、最早的和歌集《萬葉集》都是中日合璧的准漢文作品。到九世紀，吉備真備根據漢字楷書的偏旁，創製了片假名；空海和尚參照漢字草書創製平假名。新創造的日本文字書寫方式沿襲漢字直書從右到左的格式。日本文字中保留大量漢字，權威的《大漢和辭典》收漢字四點九萬多，中國漢字幾乎全部行用於日本。從明治時代起，日本朝野廢除漢字的論調甚囂塵上，對日文中的漢字逐步限制，而直到一九八一年，日本政府公佈的常用漢字還有一千九百四十五個。

· 漢字在韓國

朝鮮半島歷史悠久，但長期有本民族語言卻無民族文字。西元三世紀左右，漢字傳入朝鮮，後來又採用漢字的音和意來記錄朝鮮語，形成「吏讀文」。在朝鮮王朝第四代國王世宗的積極倡導下，由鄭麟趾等一批優秀學者，在多年研究朝鮮語的音韻和漢語音律學的基礎上，於一四四四年創製了由二十八個字母組成的朝鮮表音字，稱為訓民正音。中日甲午戰爭之後，韓國從專門使用漢字過渡到漢字與表音字結合使用。朝鮮半島淪為日本殖民地後，使用自己的表音文字是愛國的表現。韓國政府成立後，規定政府公文全部使用表音文字。直到中韓關係正常化，特別是兩國經貿關係的高速增長後，韓國掀起漢風，學習漢語和使用漢字成為時尚。

## ·漢字在越南

十九世紀以前，越南一直完全使用漢字（被稱做「儒字」），凡官方文告、科舉考試、史學、文學、醫學著作均用漢字撰寫。十三世紀初，越南還借用和仿照漢字形式創造出俗字，稱「字喃」（意為南國文字）。所造新字往往用兩個漢字拼寫而成，不過字喃之用，僅限於人名、地名、告示及通俗文對，至於著書立說、開科取士仍用純粹的漢文。直到二十世紀四十年代，越南文字才由漢字過渡到全部使用拉丁拼音文字，而不再使用任何漢字。然而，越南那些古老寺宇和各處名勝的牌匾、當代生活中的婚喪慶典對聯，漢字都是最常見的。

## ·儒學的對外傳播

中國文化對外影響，就精神文化層面，主要表現為儒學的傳播。儒學是中國文化圈內日本、越南、朝鮮古代正統思想，統治者奉為治

國安邦的圭臬，老百姓作為為人處世的準則。它同時也傳入亞洲之外的地區。在美國，二十世紀五十年代就將《論語》列為世界十大名著的名單；美國國會圖書館論定《論語》為世界上譯本之多、流傳之廣，僅次於《聖經》的典籍。而一九八八年一月，在巴黎召開的第一屆諾貝爾獲獎者國際會議上，七十五位與會代表經過四天的討論，提出了十六條以「面向二十一世紀」為主題的結論，其中很重要的一條就是「人類要生存下去，就必須回到二十五個世紀以前，去汲取孔子的智慧」。

· 《論語》在日本

西元二八七年，《論語》就傳播到了日本。此後日本歷史上最賢德的聖德太子是儒學的忠實擁戴者，他所制定的《17 條憲法》就以儒學思想為基礎，第一條開頭就是「以和為貴，無忤為宗」。聖德太子還廣設國家學堂「學問所」，掛孔子畫像於正堂，尊孔子為「先聖」，要求學生必修《論語》等儒學典籍。在第一座高等學院「總藝種智院」的書目裡就有《論語》。到了德川時代，可以說只有不明白《論語》的人，而沒有不知道《論語》故事的人。幕府統治建立後，《論語》又成為維護幕府穩定統治的有力工具。德川家康把朱子學定為官學，復興學校，大量印發《論語》等書籍。他和以後的數代幕府大大提高了儒學的地位，使儒學在日本達到了一個全盛時期。日本學者林泰輔著《論語年譜》，記載古今有關《論語》的著作三千多種。

· 華瓷風靡世界

中國是世界著名的陶瓷古國。在西元十六世紀以前，輸入歐洲的

中國瓷器極其有限。中國瓷器大都通過阿拉伯人轉手運入西亞，部分傳入非洲和歐洲。宋時，中國瓷器在歐洲市場上與黃金等價；明代，中國瓷器在美洲市場上貴如白銀。那個時代的西方，金銀易得，華瓷難求，瓷器成了寶中之寶。德國卡澤尼博公爵藏有一隻素身瓷碗，珍如拱璧，鑲以銀座，幾百年來成為這個家族的傳世珍寶。墨西哥的西班牙貴族則以擁有華瓷的多少作為衡量財富和文化教養的標誌。瓷器來自中國，歐洲人見到瓷器就想到中國，提到中國就想到瓷器。英國人稱中國為 china，原意就是瓷器。西亞、北非諸國亦如此，如土耳其語的瓷與中國是一個詞，波斯、埃及都稱瓷為秦尼，意思是中國的。中國把實用價值與藝術價值完美統一的瓷器奉獻給世人，因瓷而名傳西方，有人稱瓷器是中國的第五大發明。

・中國茶走向世界

茶的原產地在滇西南。茶的藥用價值記載於《神農本草經》，書中說：「茶葉苦，飲之使人益思、少臥、輕身、明目。」該書最晚產生於秦漢之間。以茶為飲料，已見於西漢王褒所寫《僮約》中。至唐代，飲茶風氣更盛，中唐陸羽所寫《茶經》，堪稱中國茶文化第一書。最早向西方介紹茶的是唐代來華的阿拉伯商人蘇萊曼。最早引進茶和茶文化的是中國文化圈內的國家。歐洲人知道茶是在地理大發現之後，對茶有兩種不同的叫法，英語的 tea、法語的 thé，源於中國福建方言的茶，可見茶從福建經海路運往西歐。俄語茶稱 chai，源於漢語 chá，這是中國北方茶字的讀法，可見俄國從歐亞陸路獲得中國茶葉。如今，茶園遍及全世界，茶葉與咖啡、可可並稱世界三大飲料。由於茶有利尿、抗菌、祛脂、消食、抗癌等功效，所以越來越受到人們的青睞。

昌明文庫·悅讀國學 A0602013

# 中國傳統文化常識　下冊

| | | |
|---|---|---|
| 作　　者 | 林良浩 | |
| 版權策畫 | 李　鋒 | |
| 責任編輯 | 楊家瑜 | |
| 發 行 人 | 陳滿銘 | |
| 總 經 理 | 梁錦興 | |
| 總 編 輯 | 陳滿銘 | |
| 副總編輯 | 張晏瑞 | |
| 編 輯 所 | 萬卷樓圖書股份有限公司 | |
| 排　　版 | 菩薩蠻數位文化有限公司 | |
| 印　　刷 | 百通科技股份有限公司 | |
| 封面設計 | 菩薩蠻數位文化有限公司 | |

出　　版　昌明文化有限公司

桃園市龜山區中原街 32 號

電話 (02)23216565

發　　行　萬卷樓圖書股份有限公司

臺北市羅斯福路二段 41 號 6 樓之 3

電話 (02)23216565

傳真 (02)23218698

電郵 SERVICE@WANJUAN.COM.TW

大陸經銷　廈門外圖臺灣書店有限公司

　　電郵 JKB188@188.COM

ISBN 978-986-496-364-5

2019 年 7 月初版二刷

2018 年 1 月初版一刷

定價：新臺幣 280 元

如何購買本書：

1. 轉帳購書，請透過以下帳戶

　合作金庫銀行　古亭分行

　戶名：萬卷樓圖書股份有限公司

　帳號：0877717092596

2. 網路購書，請透過萬卷樓網站

　網址 WWW.WANJUAN.COM.TW

大量購書，請直接聯繫我們，將有專人為您

服務。客服：(02)23216565 分機 610

如有缺頁、破損或裝訂錯誤，請寄回更換

版權所有·翻印必究

Copyright©2016 by WanJuanLou Books CO.,

Ltd.All Right Reserved　**Printed in Taiwan**

國家圖書館出版品預行編目資料

中國傳統文化常識 / 林良浩著.-- 初版.-- 桃

園市：昌明文化出版；臺北市：萬卷樓發

行, 2018.01

　面；　公分.--(昌明文庫. 悅讀國學)

ISBN 978-986-496-364-5 (下冊:平裝)

1.中國文化　2.通俗作品

541.262　　　　　　　　　107001914